日本語を学ぶ/複言語で育つ
子どものことばを考えるワークブック

川上郁雄・尾関史・太田裕子

くろしお出版

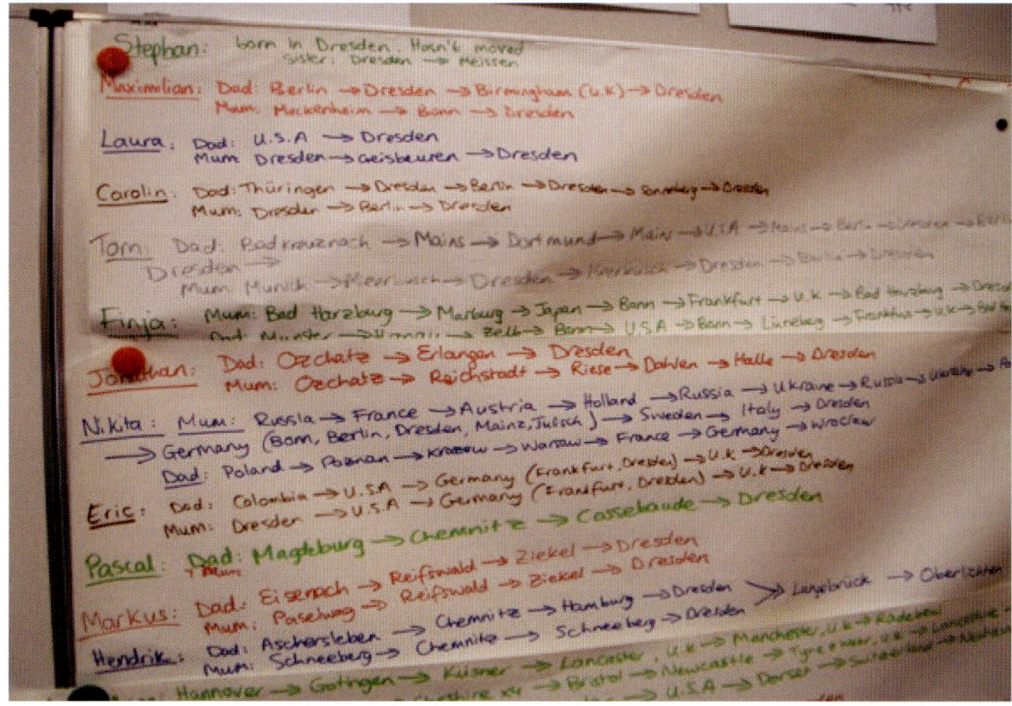

ドイツのあるインターナショナル・スクールの教室　p.8「移動する時代と子どもたち」より

はじめに

　日本にも、海外にも、日本語を学ぶ子どもたちがいます。よく見ると、家の中で親のことばを話し、学校で日本語を使う子ども、また逆に、家の中で日本語を話し、外でほかのことばを使う子どももいます。そんな子どもが世界各地に増えています。

　この本を手に取るみなさんの中にも、あるいは知り合いの中にも、幼少の頃から複数のことばの中で成長した人がいるのではないでしょうか。この本のタイトル「日本語を学ぶ／複言語で育つ」というのは、複数のことばの中で成長しつつ、同時に、日本語も学ぶという子どもの姿を表しています。この本は、そのような子どもたちがどのように生きているのか、また私たちはそのような子どもたちをどのように育てていったらよいのかを、「ことばの学び／ことばの教育」の視点から考えようという本です。

　ただし、子どもたちは多様で、日々成長しています。一人ひとりの子どもに合った「ことばの学び／ことばの教育」の答えは一つではないでしょう。この本が「ワークブック」となっているのは、「これらのテーマについて、いっしょに考えてみましょう」というメッセージです。ですから、この本の中に、たくさんの問いとディスカッションのテーマがあります。しかし、正解が示されているわけではありません。この本は、受講生のみなさんとともに考えることを第一に重視したテキストなのです。

　この本は、大学の学部用のクラスで2年間にわたり使用したテキストをもとに編集しています。授業担当者が一方的に話す講義形式の授業ではなく、受講生がテキストを読み、話し合い、ともに学ぶという対話重視の協働学習のクラスを提案しています。

　複言語で育つ子どもに関する、日本語教育の新しい実践教育がここから始まるのです。

川上　郁雄

目 次

はじめに　　　　　　　　　　　　　　　　　　　　　　　　　　　*1*
このテキストを利用されるみなさまへ　　　　　　　　　　　　　　*4*

第1ステージ　子どもの直面する課題を考える　　　　　　　　*7*

❶　移動する時代と子どもたち ………………………………………… *8*
❷　日本で日本語を学ぶ子どもたち …………………………………… *12*
❸　ことばの学びとことばの力 ………………………………………… *16*
❹　海の向こうで日本語を学ぶ子どもたち …………………………… *22*
❺　ことばとアイデンティティ ………………………………………… *28*
❻　それぞれの「日本語」 ……………………………………………… *32*

第2ステージ　子どものことばの学びと実践を考える　　　*37*

❼　複数のことばの中で育つということ ……………………………… *38*
❽　社会の中で育つことば ……………………………………………… *42*
❾　子どもたちの心とことばの学び …………………………………… *46*
❿　ことばの学びを支える「教材」1 …………………………………… *50*
⓫　ことばの学びを支える「教材」2 …………………………………… *54*
⓬　ことばの学びを支える言語活動 …………………………………… *58*

| 第3ステージ　子どものライフコースを考える | **61** |

- ⑬ ライフストーリーを解釈する 1 ……………………… **62**
- ⑭ ライフストーリーを解釈する 2 ……………………… **70**
- ⑮ ライフストーリーを解釈する 3 ……………………… **80**
- ⑯ ライフストーリーを聴く ……………………………… **90**
- ⑰ ライフストーリーを書く ……………………………… **96**
- ⑱ 意見交流会と全体の振り返り ………………………… **104**

キーワード一覧　　　　　　　　　　　　　　　　　　　**108**
もっと勉強したい人への読書案内　　　　　　　　　　　**110**
本テキストの授業デザイン　　　　　　　　　　　　　　**113**

あとがき　　　　　　　　　　　　　　　　　　　　　　**128**

このテキストを利用されるみなさまへ

▶ なぜこのテキストを作成したのか

　現代は大量の人々が国境を越えて移動する時代です。海外転勤、国際結婚、移住、留学、紛争地からの避難など、移動の理由はさまざまですが、共通するのは、移動する大人たちの陰で、小さいときから複数のことばを学びながら成長する子どもたちがいるという現象です。成長期に複数のことばを学ぶことは、その人の人生にどのような影響を与えるのでしょうか。このテキストは、そのような幼少期より複数言語環境で成長する子どものことばの学びについて、日本語教育の視点から考えることをテーマとしています。

　このテキストでは、子どもが幼少期より複数のことばに触れ成長するとどのような状況に遭遇するのか、突然国境を越えて移動した子どもの場合どのように新しいことばを学ぶのか、またそのような複数言語環境で成長した子どもが青年期から大人になるときに複数のことばを話す自分とどう向き合い、アイデンティティを形成していくのかなどについて考えます。

　さらに、そのような子どものことばの学びを研究し記述する方法を学び、21世紀に増加すると予想される複言語で育った人と社会のあり方、多様な背景を持つ人々との共生社会について、クラスで考えることを目標とします。

▶ このテキストは、どんなところで使用できるのか

　このテキストは、日本語教育、特に子どもの日本語教育を学ぶ大学生、また教員養成課程で将来小学校や中学校などの教員を目指す大学生の授業、あるいは、日本語教師を目指す日本語教師養成講座、地域で活躍する日本語ボランティア養成講座などでも利用できます。

▶ このテキストを使うクラスの到達目標は何か

　このテキストを使うクラスでは、以下のことを到達目標とします。
1. 幼少期より複数言語環境で成長する子どもが増えている現代社会の現状を理解すること
2. 子どもが複数のことばを学びながら成長するとき、どのような課題に遭遇するかを理解すること
3. 複数言語環境で成長する子どもに対することばの学びの支援について理解すること
4. 複数のことばを学びながら成長する子どものアイデンティティ形成について理解すること
5. これらの子どもたちのことばの学びについて考え、研究する方法について学ぶこと
6. 以上を踏まえて、21世紀の人のあり方と社会のあり方について考えること

▶ このテキストは、どのように使用するのか

このテキストには全部で18回の授業案が提案されていますが、大きく分けて、以下の三つのステージで構成されています。そのステージの流れを活かしつつ、各テーマからクラスにあった授業案を選んで学ぶことができます。

第1ステージ：子どもの直面する課題を考える（第1回～第6回）

幼少期より複数言語環境で成長する子どもの社会的背景や複数のことばを学ぶときの基本的な課題について、さまざまな角度から検討します。移動する時代に生きる子どもたちの課題は、社会的かつグローバルな課題であることを理解します。

第2ステージ：子どものことばの学びと実践を考える（第7回～第12回）

そのような子どもたちが実際にことばを学ぶとき、どんな課題に直面するのか、具体的に検討します。特に、ことばの教育をイメージできるように、生活、社会、教材などの視点から、子どもの主体的な学びや生き方、そして子どもたちのことばの学びの支援について考えます。

第3ステージ：子どものライフコースを考える（第13回～第18回）

幼少期より複数言語環境で成長する子どもが成長し大人になっていくとはどのようなことかを考えます。そのため、移動する時代に生きる子どもたちの具体的な例を見ながら、彼らのライフストーリーを読みます。さらに、受講生が将来、教育現場で子どもたちをどう見るか、そして子どもの研究をどのように進めるかについて学びます。

▶ このテキストを使い、どのようにクラスを展開するのか

このテキストは、対話的な学び、協働学習を重視して作成されています。そのため、各授業案には、「考えてみよう」「話し合いましょう」といった問いが多数含まれています。授業担当者が「正解」を「解説」する「講義型の授業」ではなく、一つのテーマや問いについて、受講生が積極的に発言し、またその発言に耳を傾ける相互の学び合いの関係を重視しています。そのことが、クラス全体の学びの支持的風土を作り上げていくことにつながります。

したがって、課題や問いについて、受講生はまず自分の意見を書き、それから近くのクラスメイトと意見交流をしましょう。自分の意見を書く時間や話し合いの時間を十分に取ることが、このテキストを利用するコースの成功の秘訣です。

なお、各回の授業の進め方のヒントや留意点などは、巻末の「本テキストの授業デザイン」にまとめて示していますので、ご参照ください。

第1ステージ
子どもの直面する課題を考える

第1回 移動する時代と子どもたち

小さいときから複数のことばに触れながら成長する子どもが、今、世界中で増えています。子どもたちは、この移動する時代にどのように生きているのでしょうか。

1 ▶▶ 写真を見て、考えてみよう

まず、1ページの写真を見てください。
これはドイツのあるインターナショナル・スクールの教室の写真です。左端にあるのは子どもの名前です。そのそばにDad（父）、Mum（母）とあり、両親の生まれた都市名から移動した都市名が続いています。子どもの両親がどこで生まれ、どの都市を移動して、この学校のある町まで来たのかがわかります。

問1. この写真にある子ども、そしてその両親は、なぜ移動しているのでしょうか。その背景には、どのようなことがあると思いますか。

2 ▶▶ 次のエピソードを読んで、考えてみよう

【エピソード 1】フィリピンから来たマリアのケース①

　マリアは、小学2年生のときに母親と来日しました。編入当初、まったく日本語ができませんでした。担任の私と母親とは片言の英語が通じましたが、マリアには英語も通じませんでした。私は、マリアの母語で通訳をしてくれる人を探しましたが、見つかりませんでした。マリアは、授業中、黙って座っているだけです。せめて、通訳が授業の内容を伝えてくれたらと、私は思いました。マリアは、日本語を覚えることも、ひらがなを書き写すこともできませんでした。

(クラス担任の証言)

問2. あなたが小学生の頃、外国から来たこのようなクラスメイトがいましたか。

問3. 日本で、このような子どもが増加する背景には、どのようなことがあると思いますか。

問4. これらの子どもたちが直面する課題には、どのような課題があるでしょうか。

▶沈黙期間（Silent Period）

第二言語習得の初期段階で見られる「話さない時期」のこと。子どもは周りを観察し、必要な情報を吸収している。話さなくても、理解している場合もある。この期間が1か月、3か月、半年など、子どもによっても異なる。

▶取り出し指導

在籍学級で授業に参加するには日本語がまだ不十分な子どもがいると、その子どもを在籍学級から取り出し、ほかの教室等で日本語指導を行う。一日1時間、あるいは週に数時間の取り出し指導を、数か月から1年ほど行うケースが多い。2014年度から、この取り出し指導を「特別の教育課程」として位置づけるように、学校教育法が改定された。

▶「日本語指導が必要な児童生徒」

文部科学省は、日本語教育の必要な子どもの数を把握し、公表している。文部科学省のWEBサイト「日本語指導が必要な児童生徒の受入れ状況等に関する調査」結果を見ると、子どもの年齢、背景、居住地、また近年の傾向等がわかる。
→文部科学省「日本語指導が必要な児童生徒の受入れ状況等に関する調査」参照
http://www.mext.go.jp/b_menu/toukei/chousa01/nihongo/1266536.htm

▶母語

人の母語の定義は、研究領域によっても異なる。①最初に学んだ言語（origin：社会学）、②最も知っている言語（competence：言語学）、③最もよく使用する言語（function：社会言語学）、④自分にとってぴったりくる言語、自分で母語話者と考える言語、あるいは他者が母語話者とみなす言語（attitude：社会心理学、心理学、社会学）と捉えられる（Skutnabb=Kangas, 1981）。ただし、これらの母語の捉え方ですべての人間を分類することはできない。一人の人間の場合でも、状況や時間が変化すれば、個人や他者が考える母語の意味づけは変わる可能性がある。たとえば、国際結婚家庭のように、親の言語が複数あるケースもあるし、母語を話せなくてもその言語を母語と考える場合もあるだろう。個人の意味づけによっても母語と呼べるものは変わる。

母国語は、言語を国と結びつけていう場合に使用するが、個人の言語と国家は必ずしも一致しない。また、母語以外の言語を二番目の言語として第二言語と呼ぶことに関連して、母語を第一言語と呼ぶこともある。

第2回 日本で日本語を学ぶ子どもたち

> 外国から日本に来て、日本の学校に通う子どもたちは、どのような課題に直面するのでしょうか。

1 ▸▸ 次のエピソードを読んで、考えてみよう

【エピソード 2】フィリピンから来たマリアのケース②

　マリアは、小学校の高学年になると、友だちもでき、だいぶ日本語も話せるようになりました。子どもはことばを覚えるのがとても早いなあと思います。でも、あれだけ日本語がわかるようなのに、テストをすると点数は低いままです。数字を使うのでわかりやすいはずの算数でも、文章問題になると、ほとんどできません。もともと学力が低いのかなあと思うこともあります。

（クラス担任の証言）

問1. 日本語をペラペラ話すのに教科学習の内容が理解できないのは、なぜでしょうか。

....

....

....

....

問2．あなたの知っている漢字で、画数の多い漢字を一つ書きましょう。また、その漢字の画数と同じ画数の記号を作りましょう（記号は直線、曲線、点などを組み合わせてよい）。

問3．作った記号を近くのクラスメイトと交換して、クラスメイトが作った記号を見ないで書けるように覚えましょう。

問4．あなたがこの記号を覚えることと、マリアが漢字を覚えることに、共通点はあるでしょうか。

2 ▸▸ 小学校の算数の課題を読んで、考えてみよう

課題 A

> ジョニーくんとさち子さんは、バスケットボールの練習をしました。バスケットに入った数（シュート数）は、次のとおりです。
>
> | | 投げた数 | シュート数 |
> |--------|---------|-----------|
> | ジョニー | 25 | 10 |
> | さち子 | 10 | 6 |
>
> では、どちらの方がシュートできた割合が高いですか。
>
> ヒント：割合＝（比べられる量）÷（もとにする量）

課題 B

> マリアさんはスーパーで買い物をしました。お肉とトマトで、あわせて680円でした。これに8パーセントの消費税を加えて払いました。マリアさんはいくら払いましたか。
>
> ヒント：百分率は、もとにする量を100と見た割合の表わし方です。

問 5. 日本語を学ぶ子どもが、この問題を解くときに難しいと感じる箇所はどこでしょうか。その箇所にアンダーラインをつけなさい。また、その理由について、グループで話し合いましょう。

問 6. 「日本語を早く習得するために、家庭でも日本語を使ってください」と保護者に言う指導者がいますが、その考えについて、あなたはどのように考えますか。

▶生活言語能力と学習言語能力

生活言語能力（Basic Interpersonal Communicative Skills：BICS）は日常場面で使用する言語能力をいう。遊びや掃除のときのように日常場面では、具体物があったり文脈が見えたり、また馴染みのある内容で知っている語彙が使われるので、子どもにとって理解しやすく、1年から2年で簡単なやりとりができるようになるといわれる。

一方、学習言語能力（Cognitive/Academic Language Proficiency：CALP）は、認知的活動で使用する言語能力をいう。学習場面では、教科学習という馴染みのない話題、見えにくい文脈、抽象的な語彙などが使われるので、子どもにとって理解しにくく、習得するのに5年から7年かかるといわれる。

▶JSL（第二言語としての日本語）

英語圏で移民の子どもに第二言語として英語を教える英語教育をESL（English as a Second Language）教育という。同様に、日本で第二言語として日本語を学ぶ場合、JSL（Japanese as a Second Language）が使用されることがある。

▶初期指導と適応指導

日本語を教える初期段階の指導を初期指導という。適応指導とは日本の学校生活に慣れるように行う指導で、母語を使用する場合もある。両者を合わせて、「初期適応指導」と呼ぶ自治体もある。

▶二言語相互依存の仮説

カナダのジム・カミンズ（Jim Cummins）の仮説。脳の中に第一言語と第二言語とが別々に存在しているわけではなく、両方の言語を使用することばの力は重なっているという考えで、「二重の氷山のモデル」で説明される。この仮説は、移民の子どもの母語を捨てる考えを否定しており、むしろ母語を大切に維持することが、第二言語を習得するうえで役に立つという考えを支持し、そこから「加算的バイリンガリズム」という考え方が生まれた。
→「加算的バイリンガリズム」（p.41）参照

第 3 回　ことばの学びとことばの力

> 子どもたちが成長していくとき、どんなことばの力が必要なのでしょうか。

1 ▶▶ 次のAとBの文について、考えてみよう

> **A**　犬をもらってくれる人、いませんか。
> 白と黒のぶちで、生後2週間です。まだミルクしか飲めませんが、元気です。
> （a　　　　　　　　　　　　）
> （b　　　　　　　　　　　　）
>
> 　　　　　　　　　　　　　　　　　　　　　　　　　　ヒント：ねだん、犬の名前

問1. 空欄a, bに、ヒントを使って、文を作りましょう（正解はありません。自由に作りましょう）。

a ....

b ....

問2. 完成したら、この文章全体にタイトルをつけましょう。

....

B
1. まず、うさぎを小屋から出す。
2. 小屋の中のわらやごみをかき集める。
3. えさをとりかえる。
4. 中の水をとりかえる。
5. （c　　　　　　　　）
6. （d　　　　　　　　）

ヒント：ごみ、かぎ

問3．空欄c, dに、ヒントを使って、文を作りましょう（正解はありません。自由に作りましょう）。

c

d

問4．完成したら、この文章全体にタイトルをつけましょう。

問5．この文を完成させるために、あなたは何を考えて文を作成しましたか。また、タイトルを決めるとき、何を考えましたか。文Aと文Bの違いは何でしょうか。その違いはどうして生まれるのでしょうか。

ヒント：次ページのコラム1をもとに考えましょう。

コラム 1　「ことばの力」とは何か

　私たちはことばをどのように使用しているのでしょうか。ハリデー（M.A.K.Halliday）によると、ことばは話し手と聞き手の関係から決定されるといいます。つまり、話し手は、「何について話したり書いたりしているか」（話題）と「誰に対して話したり書いたりしているか」（対人的関係）と「目的や状況に応じ、話しことばで伝えるのか、書きことばで伝えるのか」（伝達様式）という3要素をもとにことばを選び、使用しているのです。
　たとえば、次の例は学校から帰ってきた子どもに宛てた母親のメモです。

> ゆうくん、おかえり。冷蔵庫にきのうの誕生日ケーキが残っているから、食べてもいいよ。食べたら、遊びに行く前に、宿題を片づけなさいね。お母さんは6時までには帰るから。
>
> 　　　　　　　　　　　　　　　　　　　　　　　　　　　　　　　　　　　お母さんより

　ここには「おやつ」「宿題」「帰宅時間」などの〈話題〉が、母から子どもへという〈対人的関係〉の中で、状況を踏まえて「話しことば」的な「書きことば」という〈伝達様式〉が選択されています。このように、私たちは常に〈話題〉〈対人的関係〉〈伝達様式〉を考慮しながらことばを選び、使用しているのです。
　では、第二言語を使用する人はどのようにことばを使用しているのでしょうか。そのとき、どのような力が必要なのでしょうか。上の例でいえば、この「メモ」という紙や、「ゆうくん」という呼びかけから、これが「何かを伝える」場面であることを理解する力が必要です。また、内容を理解するための「話題の知識」も必要です。「6時まで帰れない」母が子どもへ伝えたいと思う状況を理解する力も必要です。これらの力は、文字や文法の知識の力だけではない、目に見えない力です。「おいしいケーキが食べられる」という感情面も理解を促進します（「情意スキーマ」という）。
　また、第二言語を使用する人は、「何を行うかを決定し（目標設定）」、「自分の持っているものをどのように使い（計画）」、「自分が必要なことは何か、また何をしなければならないか、どれほどうまくいったかを自分で評価する（アセスメント）」という、自らの第二言語使用を振り返りながらことばを使用しています。
　つまり、第二言語として日本語を学ぶ子どもは、第一言語の知識や経験、さらに第二言語の知識、文脈や状況、対人的関係など多様な要素が相互に作用し合う中で第二言語を使用する総合的なことばの力が必要なのです。

［参照］川上郁雄（2011）『「移動する子どもたち」のことばの教育学』くろしお出版．

2 ▶▶ 次のエピソードを読んで、考えてみよう

> **【エピソード 3】フィリピンから来たマリアのケース③**
>
> マリアが中学生になると、学校の勉強はますます難しくなっていきました。マリアの日本語の力は小学生のときより伸びていますが、中学校の勉強についていくには十分ではありません。最近、学校がおもしろくないと言い出し、家でゲームをして過ごしています。母親がタガログ語で話しかけると、マリアは日本語で返事をするようになりました。でも、日本語も、母語も不十分で、高校進学は厳しいでしょう。どうしたら、いいのでしょうか。
>
> （クラス担任の証言）

問6．あなたなら、マリアにどのようにアドバイスしますか。

問7．マリアに必要な支援とは何でしょうか。クラスメイトの意見を整理して、どのような問題があるのかを確認しましょう。

問8. 子どもを指導していたある先生が「あなたは、○○国から来たのだから、○○人の誇りを持って生きていきなさい」と指導しました。この指導について、あなたはどう思いますか。

▶ ことばの力

　ことばの力は、文字や文法、発音といった言語知識だけで構成されていない。人は「誰に」「何を」「どのようにして（書きことばか話しことばか）」によって、ことばを選び出して使用している。つまり、文章や談話は、送り手が受け手との関係や伝えたい内容、そして伝える方法を考えて、選び出したことばのかたまりなのである。したがって、ことばの力とは、文脈を理解し、ことばを使用する総合的な力をいう。
→コラム1（p.18）参照

▶ JSLバンドスケール

　ことばの力を把握することは、日本語教育実践を考えるうえで重要である。子どものやりとりすることばの力を把握するために、ものさしが開発されている。それが「JSLバンドスケール」（早稲田大学大学院日本語教育研究科川上研究室作成）である。「黙っている」「ジェスチャーや一語文を使う」（レベル1）、「日常生活で使用する挨拶ことばを理解し、日本語で話し始める」（レベル2）、「補助があれば、短い文を読むことができる」「モデルが与えられれば、短い文を書くことができる」（レベル3）のように、ことばを使う様子を観察して、子どものことばの力のレベル（小学校：1〜7レベル、中学・高校：1〜8レベル）を判定する。

▶ 内容重視の日本語教育

　ことばの力を育成するには、単に言語知識を暗記するだけでは育成されない。人は目的があってことばを使用する。したがって、文脈に埋め込まれたことばを使用することによって、人はことばを習得する。そのような考えから、学校における日本語教育では、教科内容を学びながら、同時に、必要な日本語も覚えられるような授業方法が提案されている。JSLカリキュラム（文部科学省）も、同様の考え方から開発された。
→「JSLカリキュラム」（p.57）参照

▶ 第二言語能力の特徴

　第二言語能力には三つの特徴がある。「ことばの力は変化する：動態性」、「聞く、話す、読む、書くの4技能の中で、それぞれの力は同じではない：非均質性」、「相手との関係や環境によってことばの力の表出は変化する：相互作用性」である。ことばの力は、常に流動し、文脈や場面、環境によっても変化する。

　したがって、ことばの力はテストで把握することはできない。テストの結果がことばの力のすべてを表しているとはいえないからである。したがって、子どものことばの力を把握するためには、ことばによるやりとりをまるごと捉えることが必要となる。

第4回 海の向こうで日本語を学ぶ子どもたち

世界各地で、日本語を学ぶ子どもたちがいます。彼らはどのような気持ちで日本語を学んでいるのでしょうか。

1 ▶▶ 次の歌詞はアメリカのポートランド日本人学校（日本語補習授業校）の「応援歌」です。これを読んで、考えてみよう

(1)
金曜日いつもなぜだか
宿題たまる
パーティ　デート　おことわり
サイン　コサイン　タンジェント
古文　漢文　いとおかし
ちんぷんかんぷん　われ思う
＊ああ　ラクじゃない
ラクじゃないったら　ラクじゃない
日本人やるのも　ラクじゃない

(2)
気をつけて　右と左じゃ
書き順ちがう
たし算　ひき算　九九　分数
プリント何枚やればいい
現地校じゃ　天才児
補習校じゃ　問題児
＊くり返し

(3)
サッカーの汗をふきふき
クラスにもどりゃ
待ってるのは単元テスト
100点満点　ムリだけど
運動会じゃ　一等賞
そんな時だけ　一等賞
＊くり返し

(4)
夏休み　国語　算数
宿題かかえて
キャンプ　ドライブ　家族旅行
テントの中でも　感想文
おひさまニコニコ　小麦色
学力テストで青い顔
＊くり返し

(5)
くじけるな　それでもみんな
がんばってます
タイヘンなのは　おたがいさまだ
いつか日本に　帰るまで
みんなおんなじ　がんばって
みんないっしょに　がんばって
＊くり返し

(6)
ただいまと　何年ぶりで
日本にもどりゃ
逆にうけるよ　カルチャーショック
制服　校則　おじぎに敬語
今じゃすっかり　アメリカ人
いつのまにやら　アメリカ人
＊くり返し

［出所］ポートランド日本人学校WEBサイト　http://www.shokookai.org/gakkou/seikatu/kouka.html

問1. この歌詞に出てくる子どもたちは、どんな子どもたちと思いますか。

問2. 「現地校じゃ　天才児、補習校じゃ　問題児」とは、どういうことでしょうか。

問3. コラム2を読んで、次の数学的英語表現をそれぞれ日本語に訳しましょう。

1. least common multiple

2. 6 by 4

問4. 英語を第二言語として学ぶ子どもが英語を使って数学を学んだ後、日本に帰国して数学を学ぶとき、どのような課題に直面するでしょうか。

コラム 2　教師が教えるときに配慮することは何か

以下は、アメリカの学校で数学を教える教師のために書かれた指導書の抜粋です。

　　教師は、英語を第二言語として学ぶ生徒（Limited English Proficient (LEP) Students）がどのように数学を学んでいるのかを理解する必要があるのです。
　　数学を理解するために生徒は、

- 数学特有の語彙を覚えなければなりません（例：quotient, equivalent, divisor）。
- 複雑な語句の意味を知らなければなりません（例：least common multiple, greatest common factor）。これらの語句はそのまま生徒の使用する2言語辞書＊にはない場合もあります。たとえば、「least common multiple」の場合、生徒はleast, common, multipleと、1語1語その辞書で引くかもしれませんが、そのやり方で正しい意味を理解できるとは限りません。
- 日常的に使用する語が、数学では特別な意味であることを理解しなければなりません（例：tree, face, plane, cone, net, positive, negative）。
- 前置詞（by, with, to, into, fromなど）がさまざまな意味で使用されていることを理解しなければなりません。
- 接頭辞、接尾辞の意味を知らなければなりません（例：hept-, tri-, bi-, poly-, -gon, -lateral）。
- 数学特有の文構造を理解しなければなりません（例：If x = 5, then …）。
- 受動態の質問や文を理解しなければなりません（例：twenty is divided by five）。

[出典] *Mathematics: Strategies for teaching limited English proficient (LEP) students*（Virginia Department of Education, 2004）からの翻訳

　　　　　＊たとえば、英日辞書、英韓辞書、英中辞書など、移民の第一言語と英語の辞書をいう。

2 ▶▶ 次のエピソードを読んで、考えてみよう

> **【エピソード 4】アメリカで生まれたケンのケース①**
> 　僕の名前は、ケンです。アメリカで生まれました。日本人の母がアメリカへ留学していたときに、知り合った父と結婚して、僕が生まれました。小さいときから、母とは日本語で、父とは英語で話してきました。小学校に入学すると、だんだん英語が中心の生活になってきました。母は僕に日本語を学ばせたいと考えて、土曜日の補習校へ連れて行きました。最初は楽しかった。でも、だんだん補習校へ行くのがつらくなってきました。
>
> 　　　　　　　　　　　　　　　　　　　　　　　　　　　　　（ケンくんの語り）

問 5．ケンくんは、どうして補習校へ行くのがつらくなってきたのでしょうか。

………………………………………………………………………………………………………
………………………………………………………………………………………………………
………………………………………………………………………………………………………
………………………………………………………………………………………………………
………………………………………………………………………………………………………

【エピソード 5】アメリカで生まれたケンのケース②
　息子のケンが小学校の高学年のとき、夫の祖国へ帰ることになりました。夫もアメリカへ留学していたので、彼の両親のいる祖国へ帰ることになったのです。
　夫の祖国では、ケンは、インターナショナル・スクールへ入学し、英語で授業を受けました。家では、私たち家族は父親の第一言語と、英語と日本語を使います。でも、最近、ケンと私との日本語の会話がだんだん少なくなってきました。今後ケンは何語を使って生きていくのでしょうか。とても心配です。

（ケンくんの母親の語り）

問6. ケンくんが直面している課題には、どんなことがあると思いますか。

▶ 海外で学ぶ日本人の子どもたち

海外で学んでいる義務教育段階の日本人の子どもは約6万5000人いる。そのうち、約2万人は日本人学校で学び、残りは現地の学校やインターナショナル・スクールに通っている。

日本人学校は、日本国内の小中学校等と同じ教育を行う全日制の学校で、日本で使用される教科書を使用する。現在、世界51か国・地域に88校ある。一方、ふだんは現地の学校に通い、土曜日や放課後を利用して、日本の教育の一部を行う学校は補習授業校（略して、補習校）と呼ばれる。現在、世界56か国・地域に203校ある。

→文部科学省「CLARINETへようこそ」参照
http://www.mext.go.jp/a_menu/shotou/clarinet/main7_a2.htm

▶ 海外の日本語学習者

国際交流基金の2012年度調査では、海外で日本語を学習する人は約400万人で、その半数以上は初等中等教育レベルの子どもたちである。その中で学習者の多い国は、インドネシア（82万9207人）、韓国（69万5829人）、オーストラリア（22万5365人）である。

→国際交流基金（編）（2013）『海外の日本語教育の現状』くろしお出版　参照

▶「帰国子女」と「帰国児童生徒」

親の海外赴任等に伴い海外で一時期を過ごし、再び日本に戻った子どもを「帰国子女」あるいは「帰国児童生徒」「帰国生」などと呼ぶ。海外滞在の期間はさまざまで、数年から10年以上もある。長期滞在により、日本語よりも現地語が強くなるケースもある。文部科学省の調査（2010）では、日本国籍を持ち、海外より帰国した子どもで、日本語指導が必要な子どもは、小学校、中学校、高等学校等で約2000人いると報告されている。

なお、「子女」は男女を含めて使用されているが、「男」が含まれないという捉え方から「性差別用語」という見方も出ている。文部科学省では「海外子女教育」や「帰国児童生徒」のように、両方の語が併用されている。

→文部科学省「「日本語指導が必要な児童生徒の受入れ状況等に関する調査（平成24年度）」の結果について」参照
http://www.mext.go.jp/b_menu/houdou/25/04/1332660.htm

第5回 ことばとアイデンティティ

幼少期より複数言語環境で成長する子どもは、自分のことをどのように考えているのでしょうか。

1 ▶▶ 次のエピソードを読んで、考えてみよう

【エピソード6】アメリカで生まれたケンのケース③

　僕は、インターネットで日本のマンガやアニメを見るのがとても好きです。特にアニソンは大好きで、いつも歌ったり、踊ったりしています。将来、日本の高校へ留学し、できれば日本の大学へ進みたいと思っています。
　でも、今、日本の高校へ留学したら、きっと教科書は読めないだろうし、授業についていけないのではないかと不安です。それに、僕は何人なのか、よくわからなくなるときがあります。

（ケンくんの語り）

問1. ケンくんがあなたにアドバイスを求めてきたら、あなたはどのように答えますか。

問2. ことばとアイデンティティは関係しているのでしょうか。あなたはどのように考えますか。

2 ▶▶ 日本語スピーチを読んで、考えてみよう

問3. コラム3のスピーチは、オーストラリアの大学で日本語を学ぶHana Thomsonさんのスピーチです。Hanaさんのスピーチを読んで、あなたがこのスピーチに対する感想を伝えるためにHanaさんへ手紙を書くとしたら、どんなことを書きますか。

_____

_____

_____

_____

コラム 3　Hanaさんのスピーチ

私はハナ人

トムソン 華（Hana Thomson）

「あのう、ハナさんは何人ですか?」
そう聞かれてもちょっと困ります。
「え〜と、私は二歳の時からオーストラリアに住んでいますけど、もともと、シンガポールで生まれて、父はアメリカ人で、母は日本人で、祖父はスコットランド人で、…」
答えが長くなってしまいます。

　そして、思います。私は何人なのでしょうか? 私のアイデンティティは何なのでしょうか?

　自分のアイデンティティのことを考え始めるようになったのは去年のことです。考え始めてまず思ったのは、自分がとても運のいい人間だということです。私はオーストラリア生まれではありませんし、顔を見ても一般的にいう「オーストラリア人」には見えません。でも、学校や大学では一度も人種差別を経験したことはありません。オーストラリア人ではないからということで友達ができなかったこともありません。それに、「ハーフ」だということは悪いことではなく逆にプラスの特徴だと思われることが多いです。それは、私が運よくシドニーのような多文化の都市に育ち、運よく人種差別のない学校や大学にかようことになったからだと思います。ありがたいです。ですが、皆そんなに運がいいわけではありません。

　私は去年、早稲田大学で「移動する子どもたち」というパネルディスカッションに参加しました。そこには両親が韓国人なのに日本で育った人、日本人なのにアメリカに住んでいた人、私のような「ダブル」の人もいました。そこでは「ハーフ」という言葉がマイナスの意味をもっていると思われていたので、代わりに「ダブル」という言葉を使っていました。みんな、国の間、言語の間、そして学校の間を移動する子どもたちと

して育った人たちでした。そこで気付いたのは、この人達は「移動する子どもたち」というより「移動をさせられた子どもたち」なのではないかということでした。

　その中の一人、両親が日本人でアメリカに住んでいた女性は自分のつらい思い出を話してくれました。日本人を見たことがない同級生にいじめられたり、アメリカに住んでいるのに英語が上手じゃなかったことや、日本に行っても日本語も上手に話せなかったことが特につらかったそうです。両方の言語がきちんと話せなかったので、この女性は自分はアメリカ人でも日本人でもないような感じがしたそうです。この話を聞いて自分の運のよさに気づきました。確かに私は日本語で自分の言いたい事がじゅうぶんに伝えられない時はとてもイライラします。ですが、日本語が話せなくてもまだ英語には自信を持っています。ですから、この女性に比べたら、そんなにつらい思いはしてきていません。

　それに、この女性の言ったもう一つのことが気になりました。それは、「その国の言語が話せないから自分はその国の人ではない」という考え方です。私は日本語は100パーセントは話せません…ということは日本人ではないのでしょうか？ そうは思いたくありません。私の母は日本人です。私は頑張って日本語を勉強しています。日本に行くと、おばあちゃんとおじちゃんが待っていてくれます。日本人の友達と話すときはいつも日本語で話しますし、「マジで～」や「ヤバイよ～」とか言います。それに、私は日本が大好きです。日本に行くとオーストラリアに帰るときと同じように自分の国に帰ってきたような感じがします。やっぱり、私は日本人です。同じように、アメリカ人ですし、オーストラリア人でもあります。

　では結局私は何人なのでしょうか？「ハーフ」なのでしょうか、「ダブル」なのでしょうか？ もしかして、「トリプル」かもしれません。アイデンティティは何なのでしょうか？ 私は、国籍も言葉も自分の心が感じることも自分のアイデンティティだと思います。周りの人が何と言っても、私、トムソン木下華は自分がオーストラリア人でアメリカ人で日本人だとわかっているので、それはそれでいいのだと思います。私は移動する子どもたちが皆このように自分らしく生きていけるといいと思います。そして、「ハナさんは何人ですか」と聞かれたら、新しい言葉を作っちゃったらどうでしょうか。「私はハナ人です！」

　　　トムソン華さんは、シンガポールからシドニーへ「移動」した後、小学校から中学3
　　年生まで、週に1度、補習校で学びました。その後、補習校に高等部がなかったた
　　め、日本語を学ぶ機会がなくなりましたが、大学に入ってから、再度、日本語クラスで
　　日本語の勉強を続けました。2年間日本語を学んだ後、日本語の学習を一旦終え、
　　2012年より大学3年生として、専門の勉強を始めています。
　　　華さんのように、日本国外で日本語を学びながら成長し、大人になっていく「子ども
　　たち」の「日本語」や「日本人性」を、大人の思惑や視点だけで語ることはできません。
　　子ども自身が複数のことばを主体的に学び、それらのことばとともに生きるとはどういう
　　ことかを、私たちは再度、考えていかなければならないことを、華さんのスピーチは問
　　いかけているように感じます。

［引用］川上郁雄（2012）『移民の子どもたちの言語教育――オーストラリアの英語学校で学ぶ子
　　　どもたち』オセアニア出版社．

▶多言語・多文化主義と複言語・複文化主義

多言語主義（multilingualism）、多文化主義（multiculturalism）はカナダやアメリカなど大量の移民を受け入れた国で生まれた考え方である。移民が持つ言語や文化はそれぞれ価値があるもので、対等な関係にあると考える。一つの国の中に、多様な移民集団が共存する「多民族国家」のあり方を認める考え方である。ただし、この考え方では、いつまで経っても言語や文化の境界が固定的に維持され、集団間の対立や社会不安が生まれる面も否定できず、多言語・多文化主義の限界ともいわれている。

一方、複言語・複文化主義は、EU（欧州連合）が生まれたヨーロッパで発達した考え方である。EUは人、モノ、カネが国境を越えて自由に移動することを可能とする地域統合体として形成されている。そのような状況を背景に、個人が持つ複数の言語能力や文化背景を尊重する考えが生まれた。複言語主義（plurilingualism）、複文化主義（pluriculturalism）とは、一人の個人の中に、多様な言語能力と多様な文化理解力が、たとえそれらが部分的でも複合的に構成されているという考え方である。そして、そのような複合的能力をもとにコミュニケーションすることを是認する考え方である。

▶国際結婚と国際離婚

『ダーリンは外国人』（小栗左多里著）が出版されたのは2002年であったが、近年、東京、大阪、名古屋など都市部では結婚するカップルの10組に1組が国際結婚で、新生児の30人に1人は国際結婚家庭の子どもであるという（厚生労働省）。一方、日本国外で国際結婚したのち離婚するケースもあり、国家間の子どもの連れ去りを防止するハーグ条約に、2013年、日本も批准した。家族のあり方とともに、子どもの人権、言語教育とアイデンティティ形成が改めて問われている。

▶アイデンティティ

アイデンティティとは自分が何者なのかという意識であるといわれてきたが、それは決して固定されたものではない。子どもから成人、そして老人まで、アイデンティティ形成に終わりはない。したがって、アイデンティティとは個人が生きていく中で自分のあり方を追究していく過程ともいえる。特に、思春期の子どもの場合は、自分の姿やあり方について、「自分が思うことと他者が思うことによって形成される意識」として、社会的関係性の中で意識化されていく。そのときに、自分の中にある複数言語の能力やその能力についての意識が、アイデンティティ形成に深く関わっていくことになる。

第6回 それぞれの「日本語」

幼少期より複数言語環境で成長する子どもが日本語を学ぶとき、どんな日本語を学んでいるのでしょうか。

1 ▶▶ 次の例は、日本国外で日本語を学ぶ二人、Yumi（Y）と友だち（F）の会話です。これを読んで、考えてみよう

> F：ねぇ、きのうのアニメ、見た？
> Y：えっ？
> F：日本のアニメよ。ストーリーはおもしろいし、絵もきれい。BGMもいい。サイコーでござる（笑）。
> Y：そうじゃの（笑）。
> F：ね。ジャパン・エキスポ、行くでしょう？
> Y：私は、ちょっと…。
> F：私は、コスプレしたい。CLAMPのコスプレで行くつもり。
> Y：実は、私、次の週末に日本に行くのよ。
> F：えっ。いいなあ。チョー、カッコイー、「おまえ」（笑）。日本の新しいマンガ、買ってきてね。
> Y：うん。
> F：ね。そういえばさ、こないだマンガで見たんだけど、「てめえ」って、どういうの。どういうときに使うの？
> Y：ううん…。

問1． 今、日本のマンガやアニメを見て、日本語を習得する子どもたちが増えています。上の会話で、マンガやアニメの影響を受けていると思われるところは、どこですか。

問2． 日本のマンガやアニメで使用される日本語には、どのような特徴があるか、調べてみましょう。

問3. 日本国外で日本語を学ぶYumiにとって、マンガやアニメは日本語学習のリソースになるのでしょうか。その理由も、考えましょう。

2 ▶▶ 次の語りは、シンガポールに長く住んでいたかおりさんのインタビューの一部です。これを読んで、考えてみよう

　私は、父の仕事の関係で、家族で長くシンガポールに住んでいました。高校まで現地のインターナショナル・スクールに通っていましたので、学校では英語を使い、家では日本語で話していました。だから日本語はわかります。
　日本の大学に入ってからは、海外に住んでいた経験があり、英語を話す友だちがたくさんできました。そういった友だちと話すときは、日本語と英語を混ぜて使います。私たちは、それを「混ぜ語」（JanglishとかEnganese）と呼んでいます。「混ぜ語」を使って話していると、気持ちが楽で、通じ合う感じがします。たとえば、こんな感じです。

　「シンガポールの英語ってSinglishっていうけど、聞きなれたらcomfortableだよね。でも、買い物なんかでまくしたてられると、もうstuckになって、英語にconvertしてって言いたくなることもあるし」
　「そうそう、向こうもhyperちゃったりとか、emotionalになると、うちら、ついていけないよね」

　でも、これでいいのかなって思うときもあります。たとえば、就活などでどんな日本語を使ったらいいのか、ちょっと考えたりします。

問4. あなたは、かおりさんの「混ぜ語」について、どう思いますか。また、なぜそう思ったのでしょうか。その理由も考えましょう。

3 ▶▶ 次の語りは、アメリカから日本の大学に留学中の日系3世、ジェームズさんのインタビューの一部です。これを読んで、考えてみよう

　私の父はアメリカ生まれの日系2世です。母は日本生まれ、日本育ちの日本人です。私はそんな両親のもと、日本で生まれました。5歳になるまで日本で育ち、その後、アメリカへ家族とともに帰りました。アメリカ各地を転々としていたので、学校で日本語を学ぶ機会はありませんでした。父は家でも英語を話しましたが、母は私にいつも日本語で話していました。ですから、私は母から日本語を学んだのです。

　高校では教科として日本語を学ぶことができました。子どものときから家庭で日本語に触れていたので、高校の日本語の授業は、私にとってはやさしかったです。しかし、家庭内で使用する日本語は、「ご飯、いつ？」とか「今日は野球の練習。だから、遅くなる」といった程度でしたので、大学に入ると、日本語が難しくなりました。そのため、日本語をしっかり学ぶために、日本に留学することにしました。

　でも、日本にいても、日本語の難しさは変わりません。たとえば、先生と話しているときでも「来週、大学に来ると思いますが、まだわかりません」というべきところを、「来週、大学に来ると思うんだけど、まだわかんない」とつい言ってしまうんです。それに、母から日本語を学んだので、男なのに「おさかな」とか「おそば」とか言ってしまったり、逆に、「…だぜ」とか「…だよ」はほとんど使えません。漢字が弱いので読む力が十分ではないし、発音も聞き取りも自信がありません。図書館を「としょうかん」と言ったり、江戸川を「エロがわ」と聞いたりします。それに、外見は日本人と同じ顔立ちなのに日本語が期待されたほど話せないと、この人はどういう人だというふうに見られるのが、一番つらいです。

問5．ジェームズさんの日本語に対する感覚とあなたの日本語に対する感覚は、異なりますか。異なる場合は、その理由を考えましょう。

問**6.** 子どもたちにとって必要な日本語はどんな日本語でしょうか。あなたの考えをまとめましょう。

キーワード

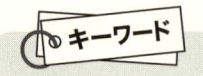

▶ 言語接触

言語接触は複数の言語が接触をして互いに影響し合うことをいう。語彙の借用や伝播、語法や文法の変形、新たな言語や言語変種の発生（たとえば、ピジン言語、クレオール語）など、古くから言語学以外の多様な学問領域の研究対象となってきた。近年では、言語接触は特別なことではなく、言語が日々、動態的に変容し続けているのが普通であり、したがって、「文化」も固定的なものはないとする考え方が広く認められるようになった。

▶ 日本語学習とアニメ・マンガ

海外で日本のアニメ・マンガが普及するにつれ、アニメやマンガを通じて日本や日本語に興味を持ち、日本語を学ぶ人が増えている。Naruto、One Piece、Nanaなど少年・少女アニメやマンガがWEBサイトで閲覧されている。さらに地域によっては「ドラえもん」「一休さん」「ちびまる子ちゃん」なども人気で、俗語や方言（おじいさんことばや侍言葉、大阪弁など）もおもしろがられている。

日本の最新のアニメやマンガが広く流布している背景には、ファンによって短時間で英語字幕がつけられたり、スキャンされたりしてWEBサイト上に出回っていることもある。

国際交流基金関西国際センターは、アニメ・マンガを通じて日本語が楽しく学べるWEBサイト「アニメ・マンガの日本語」（http://anime-manga.jp）を立ち上げている。

▶ 日本の中の諸言語

日本では、2008年、アイヌを独自の言語を持つ先住民族と認める国会決議が承認された。また、ユネスコ（国連教育科学文化機関）は、2009年、アイヌ語以外に、八丈島や奄美、沖縄にある諸方言を言語（八丈語、八重山語、与那国語、奄美語など）とみなし、日本国内でアイヌ語を含む8つの言語が消滅の危機にあると指摘している。

▶ 文化相対主義と文化本質主義

文化相対主義は、世界にあるさまざまな「文化」はそれぞれ価値があるという考え方。欧米中心の考え方に対して、欧米以外の地域の人々の世界観や考え方、宗教なども同等の価値があるとし、多様な社会を相対化する視点を持つ。ただし、文化相対主義はすべての「文化」を認めるために反社会的集団の考え方（たとえば、テロ集団やナチズム）を否定できない点が限界となっている。

文化本質主義は、それぞれの社会には昔から独自の「文化」があり、その「本質」は変わらず、人々の行動や考え方を規定するという考え方。しかし、近年では、社会も「文化」もさまざまな要因によって常に変容し、再構築されているという考え方が主流となっている。

この見方を日本語教育において考えると、日本語の「本質」は不変で、日本にあるのが「正しい日本語」であるという考え方は文化本質主義的な捉え方となる。日本語自体を相対的に、かつ動態的に捉えることが重要である。

第2ステージ
子どものことばの学びと実践を考える

第7回 複数のことばの中で育つということ

> 複数のことばの中で育つ子どもたちは、どのように複数のことばや習慣、考え方などを習得していくのでしょうか。

1 ▶▶ 以下の問いについて、考えてみよう

問1. 「バイリンガル」と聞いて、あなたがイメージするのは、どんなことですか。また、どんな人が「バイリンガル」だと思いますか。

問2. あなたの中にも多様なことばの資源があるのではないでしょうか（たとえば、母語、日本語、外国語、方言など）。ここで行うのは、それらを、下の人がたの中に描いて、あなたの言語ポートレートを作るというタスクです。頭の中のことば、口から出ることば、心の中のことばなど、それぞれのことばが身体の中のどのあたりにあるかも自由に発想して描きましょう。また、それぞれが身体の中でどれくらい占めているかを色分けしてみるのもよいでしょう。あるいは、人がたにこだわらず、自分のアイディアで自由に描いてもよいでしょう。そのうえで、それぞれのことばがあなたにとってどんな意味があるかを余白に書いてください。

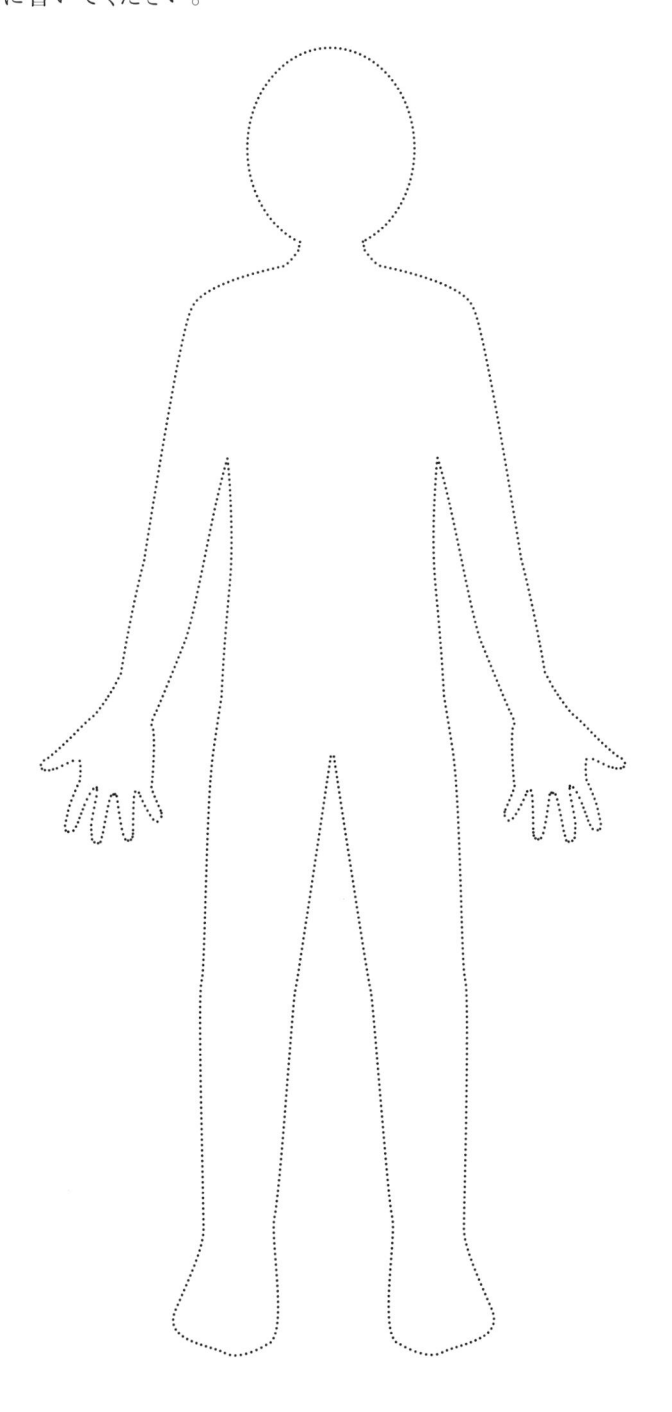

2 ▶▶ 以下の問いについて、話し合ってみよう

問3. 複数のことばの中で育つ子どもがことばを習得していく際に、その習得に影響を与える要因にはどのようなものがあるでしょうか。思いつくものを挙げてみましょう。

問4. 問3で挙げた要因は、あなたの場合、どのように影響していますか。問2で作成したあなたの言語ポートレートに、気づいたことを書き加えましょう。また、このことから、ことばの習得とあなたの習慣や考え方はどのような関係にあると思いますか。

🔖 キーワード

▶ バイリンガル

バイリンガル（bilingual）とは、二つの言語を使用する人や二つの言語を使用している状態をいう。

バイリンガルといってもいろいろな場合がある。たとえば、二つの言語能力が同じような場合（均衡バイリンガル：balanced bilingual）、二つの言語のうち一方の言語の言語能力が高い場合（偏重バイリンガル：dominant bilingual）、また二つの言語とも言語能力が年齢相応の言語能力に達しない場合（ダブル・リミテッド：double limited bilingual）などがある。

ただし、このダブルリミテッドは一時的な状態であり、適切な支援を行うことで、ことばの力は伸長していく可能性を持つ。

▶ 言語ポートレート（Language Portrait）

自らが持つ多様な言語的資源を明示的に捉えるための方法。受講生がテンプレートの人形を自分になぞらえ、そこに自らが持つ複言語を記入する。たとえば、考えるときはA語、話すときは日本語（標準語）、心の中には故郷の方言、さらに読んだり書いたりできる言語を右手や左手に書いたり、両足には自分を形づける別の言語的資源を記入したりするなど、受講生が自由に書く。色をつけるのもよい。さらに、なぜそう考えるのか、余白に説明を加えたりする。このような言語ポートレートを作成すると、受講生一人ひとりが多様な言語的資源を持って生きていることを自ら可視化して理解することができる。テキストの問2（p.39）は、その例である。

▶ 第二言語習得へ影響するさまざまな要因

子どもたちの言語使用や言語習得の様相は、年齢、性格、知能、言語学習の適性、動機、態度といった「個人要因」と、家庭・学校・地域でそれぞれどの程度の量・質の言語接触があるのか、どのような支援が受けられるのか、それぞれの言語がどのように扱われているのか（言語の位置づけ）といった「社会文化的要因」とが相互に作用する中で決まってくる。

したがって、子どもたちへの言語教育は、これらの諸要因を踏まえ、子どもたちの生をホリスティックに捉え、長期的な視点から、日常的、かつ継続的に実施されることが肝要となる。

▶ 加算的バイリンガリズムと減算的バイリンガリズム

「二言語相互依存の仮説」によれば、移民の子どもが現地語（第二言語）を習得していくとき、母語は現地語の習得の妨げになるのではなく、むしろ、母語の力が現地語の習得に役立つと考えられる。このように、母語の上にもう一つ有用なことばが加わる形で二言語に接触していく状態を「加算的バイリンガリズム」と呼ぶのに対し、二言語環境に育ちながらも、母語を失って現地のことばを獲得していく状態を「減算的バイリンガリズム」と呼ぶ。このため、日本での日本語教育においても、子どもたちの母語教育が必要であるという考えが広く支持されている。

第8回 社会の中で育つことば

> ことばを習得していく際、子どもたちを取り巻く友人や家族、学校、社会といった社会的要因はどのような影響を及ぼすのでしょうか。

1 ▶▶ エピソードを読んで、考えてみよう

【エピソード7】ヒチョルさんのケース

韓国人の父親と日本人の母親のもとに韓国で生まれたヒチョルさん。幼い頃から、父親の仕事の都合でアメリカ、韓国、タイなど複数の国を数年単位で移動しながら育ってきました。半年前に父親の仕事の都合で来日し、現在はインターナショナル・スクール（中学2年生に相当）で学んでいます。家庭では日本語と韓国語と英語を使用していますが、英語が一番楽に使えることばです。日本語は母親や親戚と話したり、日本のテレビ番組を見たりするときに触れる程度で、読んだり書いたりする機会はあまりありません。一方、韓国語は韓国の友人とFacebookでやりとりをしたり、父親と時々話したりすることがあります。

【エピソード8】ペテロさんのケース

出稼ぎのため、5年前に家族とともにブラジルからやってきた日系ブラジル人のペテロさん。現在、公立高校の2年生です。両親は自動車部品工場で仕事をしていますが、日本語は日常会話程度しか話せないため、家庭内言語はポルトガル語です。周囲には同じように出稼ぎでやってきたブラジル人の友人が多く、いつも彼らといっしょに過ごしています。サッカーが大好きで、友人ともよくサッカーをして遊んでいます。学校では先生が話していることはだいたいわかるので授業には参加できますが、試験になるとなかなか点数が取れません。特に、社会や国語が苦手です。

問1. 子どもたちは、複数のことばをどのような場でどのように使用しているでしょう。「家庭」「学校」「地域」で、それぞれ「誰（人）」「何（モノ）」とどんなやりとりがあるのかをまとめてみましょう。

問2. 子どもの周囲にある「人」「モノ」「環境」は、ことばの習得にどのような影響を与えているでしょうか。

2 ▶▶ 以下の問いについて、話し合ってみよう

問3. あなたは、複数のことばを場面・相手によってどのように使い分けていますか。あなたの言語使用環境を図に表してみましょう。以下の同心円モデルを使ってもいいですし、自分のアイディアで自由に作成してもよいでしょう。

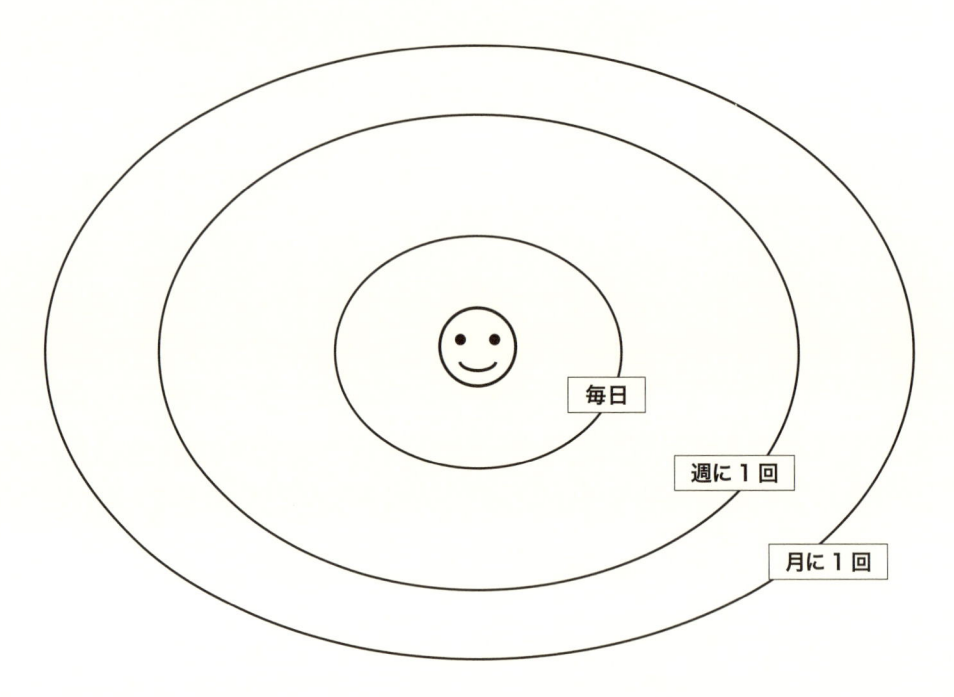

毎日
週に1回
月に1回

問4. 問3で作成した図を見て考えてみましょう。場面や相手によって、あなたのことばの使い方はどのように異なっていますか。また、ことばの習得に結びついているやりとりは、どのようなやりとりですか。

………………………………………………………………………………………
………………………………………………………………………………………
………………………………………………………………………………………

問5. 子どものことばの力を伸ばしていくために、どのような「場」や「やりとり」が必要だと思いますか。

………………………………………………………………………………………
………………………………………………………………………………………
………………………………………………………………………………………

キーワード

▶ 意味のあるやりとり

子どもたちの言語習得は単に言語との接触の多少で決まるのではない。子どもにとって意味のある相手との意味のあるやりとりの中でことばの力が育っていく。

したがって、子どもにとって「意味のある場面」で、子どもにとって「意味のある内容」を、子どもにとって「意味のある相手」に対してことばを使用するとき、子どもは最もことばを学ぶ。

子どもにとって何が「意味のある」ものなのかというのは、子ども一人ひとりによって異なるため、子どもに寄り添う姿勢と教育実践こそが、子どものことばの力を育む実践となる。

→川上郁雄(2011)『「移動する子どもたち」のことばの教育学』くろしお出版　参照

▶ イマージョンとサブマージョン

イマージョン(immersion)とはimmerse(浸す)という語から生まれた。学習者集団に共通語があり、目標言語を効率的に習得するために、学習者を目標言語に「浸す」ようにして、目標言語を使って教科学習させる言語教育の方法をいう。一方、サブマージョン(submersion)とは、共通語のある学習者集団の中で、共通語を知らない少数派が多数派の言語を使って教科学習をする状況をいう。したがって、日本の公立学校にいるJSL児童生徒はサブマージョンの状況にあるといえる。

▶ 学習と社会文化的アプローチ

学習とは何かについて、近年、捉え直しが進められている。学習は、学習者が知識を獲得する個人的行為という捉え方(個体主義的学習論)から、社会や歴史の中にある他者や人工物(筆記用具やパソコンなど)との相互行為であるという捉え方(状況的学習論)へとシフトしてきている。

このような捉え方は、実践に参加することによって状況に埋め込まれた知識を学習し、実践共同体の成員になるという捉え方(レイブとウェンガーの「正統的周辺参加論」)や対話的関係、協働学習などとあわせて広く「社会文化的アプローチ」と呼ばれている。

第9回 子どもたちの心とことばの学び

> 子どもたちの意識や態度といった心理的な要因は、子どもたちがことばを習得していく際、どのような影響を及ぼすのでしょうか。

1 ▶▶ エピソードを読んで、考えてみよう

【エピソード9】エレナさんのケース

　日本人の父親とオーストラリア人の母親のもとに日本で生まれ育ったエレナさん。日本の幼稚園と小学校に通い、現在は小学5年生。家庭内では日本語と英語を使用していますが、最近、母親と英語で話すのを少し面倒くさく感じています。また、友だちからは英語を勉強しなくても話せるからいいねと言われることもありますが、先日受けた英検では必ずしも点がよくなく、自分の英語は役に立たないと恥ずかしく感じています。一方、日本語は日常的な会話をする分には問題なく、日本人の友だちもたくさんいますが、学校の勉強がだんだん難しいと感じ始めています。特に、小説を読んだり、作文を書いたりするのに、ほかの友だちより時間がかかります。現在のところ、特別な日本語の支援は受けていません。

【エピソード10】オームさんのケース

　日本人の母親とタイ人の父親のもとにタイで生まれたオームさん。18歳までタイで育ちました。幼い頃から、家庭内で母親と日本語で話してきたので、日本語でのやりとりはある程度、理解できます。また、子どもの頃、日本の学校に何度か体験入学をした経験があり、日本に興味を持っています。大学にいるうちに日本に留学して、日本語をもっと勉強してみたいと考えています。一方で、最近、周囲の友人から「日本人のハーフだから日本語ができて当然」と言われて、複雑な気持ちになりました。自分は小さい頃から一生懸命、努力して日本語を学んできたのに、何もしないで日本語ができるようになったと思われているような気がしたからです。今まで、自分はタイ人だと思っていましたが、周りの人はそう思っていないのかもしれないと感じるようになりました。

問1. エレナさん、オームさんは、自分の持っている複数のことばをそれぞれどのように捉えているでしょう。また、それぞれのことばに対する気持ちはどのようなことによって作られているでしょうか。

2 ▶▶ 以下の問いについて、話し合ってみよう

問2. あなたは自分の話す複数のことばに対してどのような思いを抱いていますか。また、その思いはどのようなことによって作られていると思いますか。

問3． ことばに対する思いとことばを学ぶこととは、どのように関係しているでしょうか。

問4． 複数のことばに対する子どもの気持ちや意識は、ことばの教育の中でどのように扱っていけばよいと思いますか。

▶ キーワード

▶ 言語能力意識

　子どもたちが複数の言語や自分の言語能力をどのように捉えているかということと、ことばの学びは密接な関係にある。また、言語能力意識は、他者からどう見られているかという他者の視線にも大いに影響を受けながら作られていく。さらに、周囲から見た客観的な言語能力ではなく、子ども自身が自らの言語能力をどう捉えているのかという「主観的な言語能力意識」がことばの学びを大きく左右していく。

▶ 母語・母文化の保持・育成

　日本において少数派である子どもたちの母語・母文化は放っておくと消失してしまう可能性が高い。母語・母文化を失うことで、親子間のコミュニケーションの断絶や認知面の発達、アイデンティティ形成など、さまざまな面において影響が出てくる。それぞれの子どもの将来の展望や子どもの心情を考慮したうえで、母語・母文化の保持・育成についての教育的対応が必要となる。ただし、子どもにとって、何が「母語・母文化」なのかを決めることは、簡単ではないことにも、留意する必要がある。
→「子どもたちと「文化」の関係」参照

▶ 子どもたちと「文化」の関係

　文化の捉え方は時代とともに変化している。たとえば、自分たちの文化が最も優れているとか、世界は自分たちを中心に回っているといった考え方は自文化中心主義（エスノセントリズム）という。それに対して、地球上のいかなる「文化」も価値のある「文化」であると見るのが文化相対主義である（→p.36「文化相対主義と文化本質主義」参照）。さらに、この「文化」自体を固定的に捉える文化本質主義的な考え方に対する批判がある。つまり、文化はさまざまなものが混ざり合ってできており、流動的で、常に変化しているという捉え方からの批判である。この見方に立つと、ある「文化」を共有する集団という社会や国家の捉え方にも疑問がわく。

　このテキストの子どもの場合、父親と母親の「文化」が異なる場合や、またある地域からほかの地域に移動したり、家庭内の習慣と地域の習慣が異なる場合など、子どもたちの「文化」は均一でなく、流動的である。さらに、人生の間で子どもたち自身が考える「文化」に対する意味づけも捉え方も変化する。

　つまり、これらの子どもたちを「文化間を移動する子ども」や「○○文化につながる子ども」、ましてや親の持つ「文化」や「国籍」を冠して呼ぶことはできない。

　そのような意味で、子どもたちが自分の「文化」をどう捉えるかを探求することも、今後の大きな研究課題となろう。

第10回 ことばの学びを支える「教材」1

子どもたちのことばの学びを支える教材とはどのようなものでしょうか。また、どのような言語活動がデザインできるのかを考えてみましょう。

1 ▶▶ 以下の問いについて、考えてみよう

問1. あなたは、フィリピンから来た、小学3年生の男の子（簡単な日常会話程度の日本語が話せる）に漢字を教えることになりました。彼は漢字を学ぶ際に、どんなところに難しさを感じると思いますか。

....

....

....

....

問2. 問1の難しさを踏まえたうえで、漢字学習の際にどんな言語活動ができるか考えてみましょう。

....

....

....

....

2 ▶▶ 教材を見て考えてみましょう

問3. 日本人の子ども向けの漢字教材と日本語を学ぶ子ども向けの漢字教材を比べてみましょう。どのような点が異なっていますか。また、それぞれの教材で工夫がされていると思う部分はどんなところでしょうか。

表　漢字教材の比較

教　材	特　徴	工夫がされているところ

教　材	特　徴	工夫がされているところ

🔖 キーワード

▶ 個別化・文脈化・統合化

子どもたちのことばの学びを考える際、次の三つの観点が重要となる。子ども一人ひとりの興味・関心にあった学習内容を選ぶこと（個別化）、子どもにとってことばを使う意味が感じられる文脈の中で言語活動を行うこと（文脈化）、子どもが話したい、書きたいと思う内容とことばを一致させていくこと（統合化）である。
→川上郁雄（2011）『「移動する子どもたち」のことばの教育学』くろしお出版　参照

▶ 発達の最近接領域

ロシアの心理学者、レフ・ヴィゴツキーが提唱した考え方に、「発達の最近接領域」がある。「一人でできること」と「一人でできないこと」の間に、「誰かの補助があればできること」という領域があるとして、その領域に働きかけることで、子どもの発達や学びが生まれるとした。この「発達の最近接領域」は子どもによっても、また取り組む課題によっても異なるので、それを見極めて、スキャフォールディング（足場かけ）を与え、子どもが独力で行えるようにすることが、実践者には必要となる。子どもだけではなく、大人も含めた教育の本質として、広く取り入れられている観点である。

▶ スキャフォールディング（Scaffolding）

「足場かけ」「足場作り」ともいう。家を建てるときに足場を組み立て、家が完成すると足場を崩すように、子どもが独力で学ぶことを支える手立てをいう。たとえば、子どもが「りんご」と書けないときに「りんご」と直接教えるのが「Help：助ける」なのに対して、50音図を見ながら子どもといっしょに文字を探したり、ほかの知っている語彙から同じ音の文字を探したりして、子どもが独力で学べるようにする手立てを「スキャフォールディング」という。子どもの主体的な学びを育む視点が重要である。

第11回 ことばの学びを支える「教材」2

子どもたちのことばの学びを支える教材とはどのようなものでしょうか。また、どのような言語活動がデザインできるのかを考えてみましょう。

1 ▶▶ 以下の問いについて、考えてみよう

問1. 日本語の力が十分ではない子どもたちにとって、国語の教科書に出てくるような文章はどんな部分が難しく感じると思いますか。以下の文章を例に、考えましょう。

> これは、私（わたし）が小さいときに、村の茂平（もへい）というおじいさんからきいたお話です。
>
> むかしは、私たちの村のちかくの、中山（なかやま）というところに小さなお城があって、中山さまというおとのさまが、おられたそうです。
>
> その中山から、少しはなれた山の中に、「ごん狐（ぎつね）」という狐がいました。ごんは、一人（ひとり）ぼっちの小狐で、しだの一ぱいしげった森の中に穴をほって住んでいました。そして、夜でも昼でも、あたりの村へ出てきて、いたずらばかりしました。はたけへ入って芋をほりちらしたり、菜種（なたね）がらの、ほしてあるのへ火をつけたり、百姓家（ひゃくしょうや）の裏手につるしてあるとんがらしをむしりとって、いろんなことをしました。

「ごん狐」新美南吉 より
底本：「新美南吉童話集」岩波文庫、岩波書店
　　　1996（平成8）年7月16日第1刷発行
青空文庫作成ファイル：http://www.aozora.gr.jp/cards/000121/files/628_14895.html

問2. どのような工夫を加えることで、この文章が理解しやすくなるでしょうか。実際に、文章を書き換えてみましょう。

問3. 書き換えた文を使って発展活動をするとしたら、どんな活動ができるでしょうか。
例）お話の続きを考えてみる、お話をもとに紙芝居を創ってみる、お話をマンガにしてみる

2 ▸▸ 教材を見て、話し合ってみよう

問4．日本語を学ぶ子ども向けに作られた教材を集めて、比べてみましょう。

表　子ども向け教材の比較

教材名	目指していること	どんなときに使えるか	その他、気づいたこと

キーワード

▶ リライト教材

国語の教科書等に出てくる文章を子どもたちの日本語力および発達段階に合わせて、読みやすいように書き直したもの。在籍学級の授業に参加することが難しい子どもたちが文章で書かれている内容の概要を理解し、授業に参加しやすくなること、それにより、認知発達段階に適した学習内容を扱うことを可能にするなどの目的がある。

▶ JSL カリキュラム

外国人児童生徒が確実に学習に参加できる日本語能力を習得できるように文部科学省が開発したカリキュラム。日本語指導の初期段階の教科横断的な「トピック型」JSLカリキュラムと、教科学習の内容を取り上げる「教科志向型」JSLカリキュラムの「小学校編」、教科別のJSLカリキュラムで作成された「中学校編」がある。共通する考え方は、内容重視の日本語教育と基礎・基本を重視した教科学習を統合しながら、学習に参加できる日本語の力と学力を同時に育成しようというものである。
→文部科学省「CLARINETへようこそ」参照
http://www.mext.go.jp/a_menu/shotou/clarinet/main7_a2.htm

▶ 適応過程と言語活動デザイン

初めて日本語を学習するとき、学習者は不安や抵抗を感じる場合がある。学習者が抱く心理的な障害となる壁（「情意フィルター」という）が高いと、不安や悩みを感じ、自信がなく、動機が低下する。ストレスが溜まり、やる気が起こらず、不眠や食欲不振を招き、対人不安や閉じこもったりする場合もある（「カルチャー・ショック症候群」という）。その状態では学習は進まない。

ただし、適応は子どもだけの問題ではない。子どもの状況を適切に理解できない支援者もストレスを感じ、それが子どもに悪影響を及ぼすこともある。子どもが第二言語を習得していく過程は、子どもと支援者の双方が相互に影響し合いながら相互理解を深め、関係を共同構築していく過程と捉えることが大切である。

したがって、教材もその教材を使った言語活動も、子どもと支援者、あるいは子ども同士の関係性を豊かに育む視点でデザインされることが重要である。

第12回 ことばの学びを支える言語活動

子どもたちのことばの学びを支える言語活動とは、どのようなものでしょうか。実際に言語活動をデザインしながら考えてみましょう。

1 ▸▸ エピソードを読んで、考えてみよう

> 【エピソード11】チンさんのケース
>
> 　チンさんは、日本に暮らしていた母親に呼び寄せられて、2年前に中国から日本にやってきました。現在は、公立中学校に通っています。学校の授業では、中国で勉強してきた数学や理科は、授業の内容もだいたいわかりますが、国語や社会は苦手です。特に、国語の授業で自分の意見や考えをまとめる問題では、何を書いていいのかわかりません。また、学校では、同じ中国から来た生徒たちといっしょにいることが多く、日本人の友だちはいません。放課後は、家に帰ってゲームをすることが好きです。最近、来年の受験を控えて、将来自分がどんなことをしたいのか、どんな仕事に興味があるのかわからず、悩んでいます。

問1. チンさんに必要な「ことばの力」とは、どんな力でしょうか。

....

....

....

....

....

問2. そのことばの力をつけるために、どんな言語活動ができるでしょうか。

2 ▶▶ 話し合ってみよう

問3. 「わたしの町」をテーマに言語活動をするとしたら、どんな活動ができるか考えてみましょう。その際、このトピックが学校の教科書では、どのように扱われているかも見てみましょう。

問4. 子どもたちのことばの学びを支えていくために、どのような教材や言語活動が有効だと思いますか。これまで学んだことをもとに、みんなで話し合ってみましょう。

キーワード

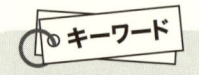

▶ ことばの学びとキャリア支援

　日本語の学びを支援する際、目の前にある「今、ここ」を考えた支援だけでなく、その先に広がる子どもの将来の進路やキャリア形成を視野に入れた支援が必要になる。一方で、子どもたちは、自分の進路やキャリアを具体的にイメージできず、いったい、自分は何ができるのかと悩んでいることが多い。

　これに対し、近年、外国につながる高校生を対象とした進路・キャリア支援に向けた取り組みが始まっている。たとえば同じような背景を持ち、進学・就職した先輩たちの話を聞く中でロールモデルを見つけたり、大学入試や奨学金の情報を得たり、実際に大学のキャンパスに足を運び、大学生活を見学体験してみたりするものなどがある。

▶ 子どもの時間軸・空間軸・言語軸

　幼少期より複数言語環境で成長する子どもと単言語環境で成長する子どもは、幼少期より大人になるまで時間とともに成長し、生活空間が広がる点（時間軸と空間軸）では共通している。しかし、前者は複数の言語によって異なる相手とつながり、かつ異なる言語による異なる情報に接触する点（複数の言語という言語軸）で後者（単数の言語という言語軸）と異なる。したがって、幼少期より複数言語環境で成長する子どもの生は、必然的に複合的な生になる。このような「移動」によって生じる複合的な生をポジティブに捉えられる言語活動をデザインすることも必要である。
→「言語ポートレート」（p.41）参照

▶ 言語活動

　聞く、話す、読む、書くなど言語を使った行為全般を言語行為、または言語活動と呼ぶ。言語教育において言語活動というのは、目標言語を使い他者とやりとりをすることによって目標言語を習得するという考え方がベースにある。

　その場合、学習者の認知発達段階や興味関心にあった活動で、主体的な参加が促される知的で楽しい活動は、学習者の学習動機を高め、その結果、教育効果が高まることが期待される。

　同時に、目標言語による他者とのやりとりは、学習者の思考力や表現力を高め、主体性を育み、人間性を高めるうえで重要な活動にもなる。その意味で、言語教育において、学習者が主体的に参加できる言語活動をデザインすることは、教育実践者にとって重要かつ不可欠な仕事となる。

第3ステージ
子どものライフコースを考える

第13回 ライフストーリーを解釈する 1

複言語で育った子どもが大人になると、どのようになるのでしょうか。難民として来日した両親のもと神戸で生まれたNAMさん。彼にインタビューしてみました。

1 ▶▶ NAMさんのライフストーリーを読んでみよう

〈NAMさんのプロフィール〉
神戸市生まれ。両親はベトナム出身で、1980年代に「ベトナム難民」として来日した。現在、NAMさんは、神戸で、自ら作詞作曲をし、ラッパーとしての音楽活動をしている。

神戸で生まれ、「ベトナム語は話さんといて」と親に言った

「ベトナム語って嫌や!」

――小さいときは家の中でどんな感じで過ごしてたんですか。

NAM 小さいときはベトナム語、しゃべってた。姉ちゃんとかも、みんなしゃべってて、僕もちっちゃい頃からしゃべってたんですけど、保育所行ったら日本語しゃべるし、家帰ったらベトナム語飛んでるし。で、成長するにつれて日本語、使うようになってきて、まあ、家でもベトナム語は嫌やな、ってなってきたんですよ。

保育所でも小学校とかでもやっぱりこう、親が学校、来たときに、周りに友だちもいるのにベトナム語でしゃべってくる。それだと友だちが「え、変ちゃう」「何しゃべっとん?」とか。そういうのを聞かれるのがメッチャ嫌やったから、「とりあえずベトナム語、しゃべらんといて」とか言って。で、日本語しゃべっても片言やし、友だちが「おい片言やん、おかしいな」って言って。そんなときぐらいから、もう「ベトナム語、嫌や」と思って。

――「嫌や」っていうのは、別な言い方をするとどういうことなんだろうね。

NAM しゃべりたくないし、なんか注目受けるのが嫌やったんです。「ベトナム人」って。普通の日本人といっしょのように、普通に接してほしいけど、やっぱり今思ったら、ベトナムから来た難民の子どもとして先生も見てるし、どうやって育つんかなとか、気になるところだけど、俺的には周りの子といっしょのようにしてほしかった、かな。それが嫌やったかも。

もう小学校一年生のときの自己紹介、「はじめまして、○○保育所から来ました」っていうのでも名前がカタカナで、で、僕の場合はちょっと長いんですよ、名前が。だから、その時点で恥ずかしかったです。だから、「自己紹介せえ」って言われて黒板の前に立たされ

て、ちっちゃい声で「ブ・ハ・ビェト・ニャト・ホアイ・ナムです、よろしくお願いします」とか言ったり。そんときは、ほんま嫌やったですね。
——保育所に行ってるときは、同じような気持ちはあったんですか？

NAM　なかったです。楽しかったです。みんな「NAM」って呼ばれても普通やったし、メッチャ仲良かったしね。普通にただ足が速いみたいな。「ほんなら、かけっこ勝負しよう」「負けたら悔しい、もう帰ろう」みたいな。そういう感じやったんで、保育所のときは。活発で元気な、普通です。小学校ぐらいから、思うようになってきたんちゃうかな。

「ベトナム語教室」は、おもしろくなかった

（小学校の勉強で、日本語の難しさを感じることはなかったのでしょうか。）

NAM　別になかったです。算数とか、そういう苦手なことはやっぱり「難しいなぁ」って思ったけど、普通に日本語、覚えにくかったところはないですね。ただ、週に一回くらいベトナム語の教室というのがこの鷹取教会で昔からやってるんですけど、僕も何度かオカンに「行け、行け」言われてて。で、行ったら行ったでおもしろくないんですよ。「ベトナム語を覚えなアカンのか」みたいな。おもしろくないから、まあ同じような子らも集まってするんですけど、やっぱ日本語で会話したり、ベトナム語の教科書も覚えないし、やらされてるっていう感じがある、自分からやろうじゃないし、（学ぼうと）全然思わなかったり。どちらかというと、ベトナム語教室、行くんが嫌やったかな。

（では、家庭で親が使うベトナム語の意味はわかっていたのでしょうか。）

NAM　意味はだいたい。ちっちゃい頃から、「お風呂入りなさい」とか「歯磨きしなさい」とかはもう毎日言われる。んで、わかってくるのかな。そんなんとか聞けるようになって。で、ベトナム語聞けるけど、日本語で返すから、ベトナム語しゃべれなくなってしまって。
——小さいときからベトナム語をわかっていたけれど、ことばは出なかった。

NAM　そうです、出ないっていうか、出さないっていうか。やっぱこう、ベトナム語しゃべる自分が嫌やったり、面倒くさいというのもあったかな。日本語ですぐ返せるけど、（ベトナム語は）いちいち考えなアカンし、というのもあったし。
——ベトナム語の教室で、ふだん話していることばが文字として、出てくるじゃないですか。

NAM　いや、そんな感じじゃないです。もうわからないです。毎日聞くけど、文字は見てないから、これをどういう発音で言ったらいいんかとか、全然わかんなかった。そのへんとか、「勉強したくないわ」、「ちょっと面倒くさいな」っていうのがあったと思います。

中学校で、名前を変える

（中学に入った頃、NAMさんは、ベトナム名から日本名（通名）を使うようになりました。）

NAM　名字は、オカンとオトンが決めて、下の名前は「自分、好きに決めなさい」みたいになったから、お姉ちゃんとかといっしょに相談してみんなで、決めました。

（そこでできたのが「フクヤマ　ショウ」という通名でした。その名前を学校で使うときはどうだったのでしょう。）

NAM　小学校から（中学校に）上がるんで「NAM」って名前、知ってるやついるじゃないですか。で、もう一コの小学校（から中学校に入る子）は知らないじゃないですか。僕はそらもう、名前変えた瞬間に「うわ、『NAM』と『ショウ』がおる」みたいな。こいつらは「NAM」って言うけど、こいつらは「ショウ」って言う。俺はもうどっちか片方にしたかった。「二つとも呼ぶな」みたいな。だから、日本名に変えたから（友だちが）「NAM」って言ったら「誰やねん、そいつ」

「『ショウ』って呼べ」って言ったり。で、一年間くらいがんばって言い続けてたら、中学校二年ぐらいではみんな「ショウ」って呼んでくれるようになって、そっからぐらいかな。「俺は『ショウ』や」「『ショウ』になったわ」「やった！」って感じ。

中学で進路を悩む
（NAMさんは、中学時代、好きな科目は体育ぐらいで、三時間目に体育があったら三時間目から登校するような生徒だったそうです。では、その頃、自分の進路についてどう考えていたのでしょうか。）
NAM　進学のときにやっぱ悩むんが、高校の私立、公立でお金がちゃう（違う）みたいな。勉強したら公立行けるけど、俺、勉強は嫌やしなぁ、と思ってて。で、まあ私立やとがんばったら入れるけど、お金100万円ちょいかかって、家にはたぶんそんな余裕もないだろうって思ってたし、勝手に。だから中二くらいで進路をもう決めてたんですね。たぶん、ええ高校には行かれへんだろうと、行けても夜間（高校）とかちゃうかな、と思ってて。まあ、夜間、行ったんですけど、一か月でやめちゃって。
（NAMさんは、定時制高校一年生のとき、友だちとのけんかやバイクの窃盗などで、学校から無期停学を言い渡され、「自主退学」したそうです。その頃、ラップに出会いました。）
NAM　きっかけは、地元の二コ、上くらいの先輩がラップしてて。同級生の友だちと普通にカラオケ行って、そのテレビでのラップを真似して歌ったりとかするのが好きやって、で、「いつか俺らもこう自分で作ってさ、歌おうぜ！」みたいな話をしてたんですよ。「カッコええなぁ、自分で作れるかな」みたいな。何も知らんから。そんな感じやったときにその人と会って、「俺ら、知っとうで」とか、「ラップ作っとうで」とか言って、「どうやって作るんすか」って聞いて、「とりあえず、今度、サンノミヤ、来

いよ」みたいな。神戸三宮ってとこに、僕、行ったんですよ。ほんなら、なんかこう、音楽出して、外でね、で、ターンテーブルを、路上で、で、マイク、バーッて渡されて、「歌え」って。「へー、何歌うんすか」「何でもええから歌え、即興や」って言われて、「何でもええから歌うん？何を、歌ったらええんやろう」と。で、そこにパッと、やっぱり、そんなときに、自分ベトナム人やから「ベトナム人」っていうのが頭に出てきたんですけど、それは隠そうと思って。でも、「歌、歌え」って言われるからなんか歌おうと思って。じゃあ、もう歌うこと、目に見えることしかなかったから、とりあえず、「こう歌うんかな」と思ってた。

　ほんなら後々、いつもマイク持って、即興、歌うときにどっかベトナム人を隠そうと、自分が戦ってるんですよ。歌ったらバレし、口、滑らしたらバレるみたいな。でも、うまく即興しないといけない。これってすごく難しいんです。だから、このままやったら俺一生、素直なラップができないというか、自分のそのままのラップができへんやんと思って。

歌に自分のルーツを入れて
（そこで、NAMさんは自分のルーツを歌にすることにしたのです。そのため、母親にどうしてボートで祖国ベトナムを脱出したのかを尋ねました。）
NAM　「何でベトナム人なんやろ」とか思い出して、で、船で来たって昔、言われた記憶があるから聞いたんすよ、オカンに。「オカン、船で来たっと言っとったやろ、な。何で来たん？」「じゃあ、なんか聞きたい？」って言われて、「聞きたい」って言ったら、話してくれたんすよ。ほんなメッチャ「おっ、スゲーなぁ」って。僕が質問するごとにね、全部こう正確に言ってくれるんすよ。「船の上、人こんだけおって」みたいな。ほんで、21日間で逃げてきて、3日目で貨物船（に）見つかって。

隠れて乗って、日本（に）ついて。「おっ、スッゴイ!」「俺が生まれたその前に、こういうことがあったんや!」と思って。俺的にはもう歌詞、書いたときやから、これは「ネタやん!」「いける!」と思って。パッて、オカンに言われたことを、自分なりに整理して一番って書いたんすけど。なんか足りないと、で、二番作ろうと思って。で、二番は、やっぱり自分がベトナム人やったっていうことを隠してることを全部言おうと思って。で、お母さんから聞いたことと、僕の、今まで隠してきたベトナム人っていうことを書いて、一番と二番で『オレの歌』作ったんすけど。

（では、その歌の歌詞を見てみましょう。）

『オレの歌』

J. NAM MC

一本の線は切れてるぜ　日本　どこの国も戦争　1・9・6・0
75年に終了した戦後　いかした先祖の昔話
小さな船に47人　周りを見渡せば水平線にノーパスポート
合図を確認　慌てず船出す　国と国との領海　見つかれば即　即死
生きるか死ぬか　生と死のはざ間　パパとママの船は逃げ出した三日後
水平線に黒船　服脱げ手を振れ　助けてくれた貨物船の行く先へ
マレーシア　シンガポール　インドネシア　ジャパン
ラオス　カンボジア　ベトナム　インドシナ
船が逃げ出してから21日間　不安と希望が　まず初上陸したのは
長崎　次の行き先　四国　姫路　神戸　長田で生まれた長男3番目
じいちゃん、ばあちゃん聞いてくれ　昭和62年　大声出してでてきたぜ　この世に
鉄砲玉一つ使わず勝ち取った部族　生き残りの賭けを勝ち取った民族
感謝する戦争を生き抜いたじいちゃんに　有難う死なずに海を越えてくれたことに

ナナーナーナナナホアイナム　オレは向かい風を歩くベトナム少年
知らなかったぜマイライフ　始まりはボートピープル　×2

オレの名前はVu Ha Viet Nhat Hoai Nam　パパとママと越南と日本とマイネーム
中学　入学で名を翔と書く　ベトナム人が嫌で偽りきったジャパニーズ
日本名にこの顔　誰も分かりやしない　只、素性がばれるのが嫌で嫌でたまらない
Bボーイに惹かれて　買った服はでかめ　日本人ラッパー真似して　俺もなったラッパー
ある日気付いた名前もラップも真似ばっか　逃げ回ってばかり　ベトナムを隠し
ある日気付かされた　俺はナムなんだと前進　その日から日本に住むベトナム人ラッパー
だが日本人になりきりすぎて　大切な母国語を話さなくなったー
母国に帰っても俺は日本人だと言われる　この国で生きる大変さ知りもしないで
オレ達が裕福だと思っていやがる　金ない　どうする？　物取る　捕まる
国籍ない　行き場ない　一生出れない　保険ない　仕事無い　病気さえもできない
正式に国籍が無い人がいっぱい　オレが何人だろと一体構わない
流れてる血は日本より西のものだから　だからオレはオレの事をオレの歌で証明

ナナーナーナナナホアイナム　オレは向かい風を歩くベトナム少年
知らなかったぜマイライフ　始まりはボートピープル　×2

©2005 MC NAM

NAM できた後はなんかもう恥ずかしさの方がたくさんあって。歌うときも歌った後も恥ずかしかったし。やっぱベトナム人って知ったみんなは、どういう反応取るんかな、とかで、ハラハラしたり。始めの方はそういう気持ちばっかしやったんですけど、何回か歌い続けていくうちに「おお、なんか気持ちよくなってきた」みたいな、みんな共感してくれてるんかな、なんかわかってくれてる、オレの言っとうこと。俺が悩んでたことをみんな何でこんなに理解してくれるんや、って思ってたら、今ベトナムの子どもたちがいっぱいで、で、小学校とか中学校にもいて、NAMさんのようなコンプレックスがある、っていうところもあるし、そういうのが見えてきて、「作ってよかったな」って思い出しました。

自分のルーツを探し、ベトナムに留学

（NAMさんは、小さいときから、何度か、家族とともにベトナムへ一時帰国したことがありました。そこへ、一年間行こうと思ったきっかけを聞いてみました。）

NAM それは19ぐらいのときに、ベトナム人なのにベトナム語を知らないっていうのをメッチャ恥ずかしく思い出すようになって。何でそう思い出すようになったかと言ったら、ラップがきっかけなんですよ。ラップを歌うようになって、自分で、「一曲作れ、二曲作れ」ってがんばって作って、歌うようになったんですけど、どうもね、あんましかっこよくないし、おもしろくない曲ばっかしで。何なんやろって思って。で、ずっと歌詞、書いてるうちに考えてたら「俺、今まで日本人として中学校から入って、日本人としてふるまってきたことがあって、そういうことを隠してた。隠してるし、今でもベトナム人って言ってない友だちがメッチャおるなぁ」って思って。「これは言わなアカン」とは思ってなかったんですけど、まだ。でも、そういう歌詞を書いたらどうなるんかて思って。自分が今、隠してることをラップにする。「これ、なんかリアルやんけん」みたいな。今まで書いてきたのなんか、街見て、風景見て、思ったこと書いたけど、なんかあんま締まらん、なんかパッとこん。でも、今回考えるやつは「メチャ、リアルやん」「ほんまの話やんけ」「これが歌なんかな」とか思って。で、それ書いて歌おうと思ったんですけど、やっぱ歌うんと、隠しとう（隠している）のをバラスみたいな。それは本当に勇気出して歌ったっていう感じです。

（そのように歌を作りながら、NAMさんはベトナム行きを考え始めます。）

NAM 「ベトナム語を勉強しに行こう、日本でおったらベトナム語うまくならん」って自分で行こうと思って。で、お金もなかったから仕事して貯めて行ったんですけど。

（ベトナムではベトナム語を教える専門大学に通い、ベトナム語を勉強したそうです。）

NAM 難しかったですね、やっぱり。いざ勉強してみたら、「俺、なんか知っとうけど、もっと勉強しとったらよかった」とか思ったりもするし。けど、意外とこの年になって勉強してみたらすんなり頭に入ってくるみたいな。やっぱり「自分がしたい」と思ったことはするみたいな。書く、読む、で、覚えるという。もうベトナム人しかいないので、ベトナム語ばっか話して、ベトナム語をしゃべると、うまくなっていく自分がわかるから。親戚の人ともしゃべるし、外に行ったら、そこで遊んどうやつとか子どもとかとしゃべってみて、子どもの発音を聞いて真似して勉強してたら、メチャすごく早く覚えられました。

――ベトナム語がうまくなって、また自分のことを考えたんですか。

NAM そうですね。やっぱ向こう行って、「自分ってベトナム人なんや」とか思うようになったり。でも、「日本で育ってるんや」みたいな。やっぱ違いがあったときにそう思ったり

するんです。ちょっと考え方がちゃうかったり（違ったり）、まあ、現地のベトナム人にベトナム人らしさを学んだりする分もあったり。「ああ、こんなふうにやるんだ」って。でも、なんか懐かしいし、「ああ、俺にもできそう」みたいな感じとか。

（では、ベトナムの人は、NAMさんをどう見たのでしょうか。）

NAM　その周りの人らが、目についたら「あいつ、ちょっと日本人みたいやな」みたいな、言われたり。「いや、俺は100％ベトナム人やで」って言うんすけど、「いや、日本人やわ」って言われたり。「そっか、俺、ベトナム人に日本人って言われるんや」と思って。「そうかぁ」と。ベトナムにいたら「日本人」、日本に帰ったら「ベトナム人」と言われるし。

ベトナムでラップを歌って、そして日本で歌ってみて

NAM　向こうでもラップは作りました。ベトナム語で。それで向こうの人に聞かして。この『オレの歌』のベトナム語バージョンがあって。『オレは日本人　根はベトナム』っていうタイトルなんですけど、一番が「Xin chào. Tôi tên là…（こんにちは、俺の名前はホアイ・NAM）」で、二番が「Xin chào. Tôi tên là Fukuyama Sho.（こんにちは、俺の名前はフクヤマ・ショウ）」。で、一番と二番でベトナム人／日本人で分けて歌ってみたら、向こうの人も「これ、おもろいやん。これ、勝てる歌詞ないで」とか言われて。

（神戸に帰ってから、ベトナム語でラップを歌うことがあるのでしょうか。）

NAM　ベトナム関係のイベントとか、そういうときはいつもベトナム語でやってみたり。教会で昔から知ってる顔見知りのおじさんとかおばさんたちが「おお、あの子、ベトナム語しゃべらん子やったのに。いきなし、ベトナムから帰ってきて、ベトナム語のラップを歌うようになった」みたいな。「びっくりしてもらった」感じ。時々やります。

今後の活躍について

NAM　これからは、そうですね。ベトナム関係のイベントに確実に出れるように、歌で。あとは、できないと思うんすけど、テレビ出たりとかして、なんか影響力あるようなことが言えたらな、って思いますね。

（インタビュー実施日：2009年2月19日）

[注] 川上郁雄編『私も「移動する子ども」だった──異なる言語の間で育った子どもたちのライフストーリー』pp.177-198（くろしお出版）をもとにリライト

2 ▸▸ ライフストーリーを読んで、話し合ってみよう

クラスメイトと3～4人グループを作ります。NAMさんのライフストーリーを読んで、次の問いについて、話し合いましょう。

問1. NAMさんは、それぞれの発達段階において、どのような問題にぶつかったでしょうか。

問2. NAMさんは、NAMさんに対する周囲の人々のまなざしを、どのように受け止めてきたでしょうか。また、NAMさんに対する周囲の人々のまなざしは、NAMさんのことばに対する思いやアイデンティティとどのように関わってきたでしょうか。

問3. ラップとの出会いは、NAMさんにどのような影響をもたらしたでしょうか。そして、ラップはNAMさんにとってどのような意味を持っているでしょうか。

問4. NAMさんのライフストーリーから、複数言語環境で成長する子どもに関わる大人が学べる点は何でしょうか。

🏷 キーワード

▶ ライフストーリーとライフヒストリー

　ライフストーリーは、個人の人生、生活、生き方について語られた物語をいう。また、個人の語りから、その人の生活世界や考え方を捉えようとする質的調査法の一つの種類を指すこともある。

　ライフヒストリーは、個人の口述の語りだけでなく、日記や手紙などの記録も利用しながら、その人が生きた社会的状況も踏まえて個人史を時系列に編成したものを指す。

→桜井厚（2012）『ライフストーリー論』弘文堂　参照

▶ ベトナム難民

　1975年に、「南ベトナム」が「北ベトナム」との戦争に敗れ、現在のベトナム社会主義共和国に統一されたとき、その社会主義の思想を嫌い、多くのベトナム人が「自由」と「安全」を求めて、ボートでベトナムを出国した。それらの「ボートピープル」を国際社会は「ベトナム難民」と呼んだ。日本にはこれまで一万人近い「ベトナム難民」が定住している。

→川上郁雄（2001）『越境する家族——在日ベトナム系住民の生活世界』明石書店　参照

▶ 母語教室

　複数言語環境で成長する子どもたちが、親の言語を学ぶための教室。日本では、外国人集住地区において、NPO、自治体、当事者団体、公立学校の国際教室等に設置される場合がある。兵庫県では、2006年度から2011年度まで、「新渡日外国人児童生徒に対する母語教育支援事業」を行い、県内23校において母語教室を定期的に開催するという先進的な取り組みを行った。兵庫県の事業が終了した後は、神戸市が事業を継続している。

　一方、外国人が点在する地域においては公立学校で母語教室が開催される事例は非常にまれである。また、話者が少ない言語を教える教室も少ない。

第14回 ライフストーリーを解釈する 2

> 複言語で育った子どもが大人になると、どのようになるのでしょうか。日本とカナダの間を移動しながら成長したマクマイケルさんがライフストーリーを語ってくださいました。

1 ▶▶ マクマイケルさんのライフストーリーを読んでみよう

〈ウィリアム マクマイケルさんのプロフィール〉
カナダ人の父と日本人の母のもと、カナダで生まれる。5歳のとき、家族で徳島県に3年間住んだ後、カナダで成長する。2007年からは国際交流員として、その後は福島大学の職員として、福島県で国際交流の仕事に携わる。東日本大震災後は、在福島の外国人支援や被災者支援に取り組むとともに、福島から世界に向けて、福島の姿を発信する活動を続けている。

カナダと日本、福島と世界の「架け橋」を目指して

1. カナダで生まれ、徳島で過ごした幼少期

　私はカナダのバンクーバーで生まれました。父はカナダ人、母は日本人です。子どもの頃は、日本語をあまり話せませんでした。その頃の私は、言語もアイデンティティも、トランスフォーマーやニンジャタートルが大好きな「英語人」でした。5歳の頃、父が子どもたちに日本文化、日本語を学んでほしいと願い、徳島県徳島市に家族で移住し、そこに3年間住みました。最初はすごく大変で、英語しかできなかったので、幼稚園でも泣いてばかりでしたが、すぐに慣れました。母親が、興味がわくことが大事だろうという方針だったので、本やマンガ、音楽を通して日本語を習得しました。あとは、テレビやゲームです。当時のファミコンはロールプレイングゲームも表示が全部ひらがなだったので、日本語を学ぶには最適だったんです。そういうふうに、楽しいものばかりを通して日本語を学習した結果、半年もすれば何不自由なく日本語を話せるくらいのレベルになりました。

　母親がたくさん買ってくれた本の中に、1冊の伝記がありました。それはマンガを使って新渡戸稲造の生涯を紹介する本でした。これを何十回読んだことか。新渡戸稲造は太平洋の架け橋になったとその本には書かれていたのですが、そのフレーズに、子どもながらにロマンを感じて、6歳の頃に母親に「お母さん、僕は大きくなったら、カナダと日本の架け橋になるよ」と断言したくらい、影響を受けた

んです。このことばがあったからこそ、カナダに戻ってからも「日本語力を維持していこう」、「架け橋になるんだ」という気持ちを持ち続けたんだと思います。

　徳島の生活の中で日本語をどんどん覚えていくと、今度は私の「スター時代」が現れます。徳島には当時あまり外国人がいなかったので、すごく珍しがられて、みなさん仲良くしてくださいました。テレビにも時々出ていましたし、自分たちの中ではちょっとした「有名人」という感じでした。このような環境にいましたので、日本が大好きになりましたし、言語もアイデンティティもすっかり「日本語人」になっていきました。

　その後、カナダに帰国することになり、2回目の、ことばが通じないという経験をすることになりました。実は私は、カナダへ戻ったら、英語をほとんど話せなかったんです。お父さんが「milk」って書いて、これ何て読むの?と私に聞いたら、私が「ニャーホウ」と答えたくらい、英語を完全に忘れていたんです。そのような状態でカナダに戻り、英語を第二言語として勉強するESLを受け、もう一度英語を学習していくことになりました。

2. カナダに帰国してからのことばとアイデンティティ

　カナダに帰ってからも日本が恋しかったですね。日本にいれば人気者なのになぁって思ったりしました。カナダでは小さなカルチャーショックもいろいろありました。たとえば鼻血が出て、トイレに行ってティッシュを鼻に詰めて帰ってきたら大笑いされて、3年くらいそのことを言われました。そういう細かいストレスもありましたし、英語はESLに行ってたので自分の中では学校で「学習するもの」であって、日本語は娯楽を通して学んだ「楽しいもの」だったので、正直最初の頃は日本に帰りたくてしょうがなかったです。

　英語力は徐々に上がって、半年くらいでESLを卒業しましたが、それでも日本語の方が上でした。カナダにいると日本語にすごく飢えるようになるんですね。それで、日本語のものだったら何でも読みたい、見たいという思いが強く、日本語の雑誌があったら「それ、ちょうだい」って言って読んだりしていました。カナダには日本の雑誌があまりなかったので、日本から持ってきた本や、現地で手に入れたコミックを200回、300回読んだりしました。日本語の歌は1回聞くと歌詞を覚えるくらい、集中して聴いていました。

　1週間に1～2回だけ日本語補講みたいなもので国語の授業を受けていたんですが、日本語能力試験も14歳の頃には合格するくらいのレベルになっていました。子どもの頃に、娯楽を通して読み書きを勉強した影響で、私の語学力の土台は日本語で、そのうえにESLを通して英語が入ってきた。どっちもネイティブなんですが、どちらかというと表現力とかも落ち着くのは日本語かなと。もう一つの要因が剣道で、そこを通して敬語も覚えたんです。カナダに日本人の友人もたくさんいたから、日本語力をキープできたと思います。

　アイデンティティも、やっぱり日本語人としてのアイデンティティが土台としてあって、その上に英語人。もっと細かくいうと、読み書きとか、価値観とか語学とか、潜在的なものは日本語人寄りで、大学や学校の中でのアカデミックなものとか、ビジネススキルとか人生観とかソーシャルスキルとか、長い時間をかけて覚えていくものは英語人寄りなのかなと。いろいろな要素がごちゃごちゃになっていて、ものによっては「日本人的だなぁ」と思うこともあれば、「英語人的なとこがあるな」という。つまり、自分の中に二人自分がいるかのような状態です。英語人の僕と、日本語人の僕と、全然異なる考え方を持った二人が共存しているような、そんな状態に常にあるんです。だから

こそ、思春期の頃、アイデンティティ・クライシスというものがありました。自分は英語ネイティブな日本人なのか、日本語ネイティブなカナダ人なのか。カナダ人には日本人と言われるし、日本人にはカナダ人と言われるし、どっちにも属さない、迷える子羊みたいな状態がすごく嫌だったんです。すごく悩んで、どっちかに属したいという強い願いを持っていました。語学力も、シーソーのように、日本語が上になったり英語が上になったり、そのときの環境や何を勉強していたということでぐらぐら動いていました。それに伴い、アイデンティティもどっち寄りかに動いていました。

そこで、私を救った考え方、アイデンティティ・クライシスを解消するきっかけとなった考え方っていうのがいくつかありました。一つの例は、イヌイットが雪を表すことばを数種類、一説によっては数十種類、持っているという話です。この話を聞いたとき、あ、なるほど、じゃあイヌイットの人は、私とは異なる見方で雪を見ているんだと思いました。そこで思ったのは、いろんな言語を知っているということは、いろんなものの見方ができて、すごくお得なんじゃないかということです。たとえば色でも、日本では信号の「すすめ」を「青信号」と言いますが、内心あの色はグリーンだろ、と思いながらも、あれは「青」だと理解できるんですよね。色一つとっても、二つの言語を知ることによってまったく異なる見方ができる。ことわざでも、日本語の「出る杭は打たれる」、「能ある鷹は爪を隠す」は、「あまり目立たない＝美徳」というメッセージですが、英語では逆に"The squeaky wheel gets the oil"、「音の鳴る歯車はオイルをさしてもらえるよ」というんです。「目立ったもん勝ち」みたいな。ネイティブ・レベルに近いからこそ、両方ともすごく深く理解できて、その二つの見方ができる。それってほんとに、得なんじゃないかと思うようになりました。二人の自分というのは分裂を招

くものじゃなくて、いっしょになってもっとパワーアップするぞというような、合体ロボの論理になったんですね。

要は、私はどっちにも属してるんです、両方なんです。カナダ人であって、日本人であって、英語人であって、日本語人であって、両方ともわかるから、実はすごくお得なんだと思います。この考えが、アイデンティティ・クライシスを抜けるきっかけとなりました。

こう考えるようになってからも、幼い頃の太平洋の架け橋という夢を捨てずにずっと守っていて、この夢は大学の専攻にも、卒業後の進路にも大きな影響を与えました。新渡戸稲造はアジア人として初めて当時の国際連盟の事務理事長を務めたんですが、実はその前に『武士道』という本を書いたことに、今も感銘を受けるんです。まだ日本人に対する迫害があった頃に、日本にも世界に誇れる文化がある、日本人はこういうことを考えていて、誇り高い民族なんだっていうのを、『武士道』を通して伝えたんです。新渡戸稲造の太平洋の架け橋というのは、政治的な意味合いだけでなく、文化の架け橋でもあったんですね。ほんとにそれは素晴らしいと思いまして、両言語ともネイティブにできる者だからこそ文化の架け橋役もできるのかなと、思うようになりました。

3．福島における文化の架け橋の実践

そこで、2007年からは福島県へ行くことにしました。最初は JET Program の国際交流員という仕事を通して、外国出身者が地域に溶け込めるような、多文化共生についての講座を企画したりしました。また、外国から来た子どもが学校の授業についていけないときに、言語や文化のサポートをする人のお手伝いをしたり、相談窓口を通していろんな悩みの相談を聞いたり。両言語、両文化をわかるからこそ、そういうアドバイスができました。そのような活動を通して、地域の人に向けて発信し

ていたメッセージは、地域の輪にちょっと異なる文化の人たちが入ってきても、二つに分かれたり過剰に歓迎していろいろサービスしたりするのではなく、同じ輪になろうということでした。同時に外国人に対する固定概念も打破したいと、理解講座を行っていました。日本には外国人に対して、どこの国の出身ならこうという思い込みがあったりします。アフリカの人は足が速いとか、モンゴル人は馬に乗れるとか。だからそういうものを超えていきたいと。外国人といっぱい交流して、固定概念を破っていきましょうと、そういう活動をしていたわけです。

その後、福島大学の国際担当として雇われ、現在に至りますが、福島大学で仕事をしているときに、大震災がありました。だからほんとに、大変でした。私は地震に慣れていなかったのですごく怖かったですし、雪も降ってたので、「この世が終わるな」と思いました。震災後も、私は一度も福島を離れずにいろいろな活動をしてきました。大学で留学生などのサポートをしながら、国際交流協会の通訳・翻訳のアシストもしました。当時、県内の外国出身者の多くが国外へ避難していたので、福島県の多言語人材がとにかく足りない状況でした。そのため、平日は大学で、週末は国際交流協会でという生活をしていました。同時に、被災地でボランティア活動をする任意団体も立ち上げ、被災地での遺失物捜索等、さまざまな活動に関わりました。また、たくさんの外国出身者が国外に避難したことで、外国出身者に対するイメージが一時期悪くなりました。そのため、避難した外国出身者ばかりじゃないというアピールを兼ねて、外国出身者をかき集めて、2011年3月の下旬から、被災された保育園とか相馬の方で積極的に国際交流イベントをやってきました。自治体が手一杯でなかなか外国からの支援に対応できなかったので、福島大学が窓口となって支援を受けたり、メディアの対応をしたり、支援物資を届けたりといった活動もしていました。同時に、放射能に関する文書の翻訳や、セミナーの通訳も積極的に行ってきました。

私がそのような活動の中で見た、一つの風景があります。南相馬で、何も残っていないところに鯉のぼりが立っていて、その下に、亡くなった子どもに対する供養の気持ちを込めた手紙やアンパンマンのビスケットがお供えされていたんです。これを見たとき、福島の被害の大きさと、同時に復興に向けての力強さを感じました。

それなのに、海外では福島の正しくないイメージがメディアを通して伝わっていて、そういうのを見ると許せなくなりました。今までずっと福島の中で、外国出身者に対する固定概念をなくす活動をしてきたのを、今度は逆に、福島から海外に向けて、風評被害とか偏見をなくすために情報発信をしていきたいと思うようになりました。福島の新渡戸稲造となって、世界に向けて正しい福島の姿というのを発信していきたいと思っています。両文化を移動する子どもであって、両言語のネイティブで、両文化をすごくわかっている私じゃないとできないのかなと、手前味噌ですが強くそう思っています。そういう信念のもと、今、いろいろな活動を続けています。

4．なぜ福島に暮らすのか

よく、「何でそこまでするの」「何で福島にいるの」って聞かれるんですが、福島の人って本当に温かいんです。5年前、福島に来たときから周りのみなさんが私を地域の中にメンバーとして受け入れてくれて、すごく居心地がよかったんです。震災の翌日、2歳の長男のミルクを買いたくてスーパーを回ったんですが、建物が崩れてしまったり、物資が来てなかったりで、スーパーがあまり開いていませんでした。しかし、一軒だけ開いていた店に

入ったら、間違って裏口から入ってしまったんです。案の定、店の正面入り口にはたくさんの人が並んでいて、店に入るのを待っていたので外へ出ようとしたら、店の人が子どもを見て、そのまま私たちに買い物をさせてくれたんです。そして、最後にお金を払おうとしたら、「お金は要らないです。おたがいさまです。今は、大変な時期なので、また落ち着いたらお金を払いに来てください。」と言われたんです。このエピソードは福島の人たちをよく物語っていると思います。大好きな福島の人たちを助けたいという気持ちが私の中で人一倍強くて、それを動力源として福島から発信する活動を今後も続けていきたいと思います。

　福島に暮らすもう一つの理由は、日本語の微妙なニュアンスがわかるからだと思います。ニュースの「ただちに健康に影響を与えるレベルではない」ということばの意味合いがよくわかります。「断言こそはできないがおそらくこう」といった、その細かいニュアンスは、日本語のネイティブでないとわからないのではないかと思います。週末は通訳とか翻訳を県でやっていたため情報が入っていましたし、そういったものが判断材料としてあったので、今二人の子どもと家族で福島に住むことができていると思います。

　しかしそうは言いながらも、一度「福島が危ない」というイメージを持つと、なくすことはなかなか難しいと思います。そこで、短期でもいいので福島に来て、福島を見てもらう事業を計画しています。いろんな国から学生を呼び、被災地でホームステイをしたり、仮設住宅に泊まったりして、実際にどういう生活をし、どういう悩みがあるかを、目で見て肌で感じて国に持って帰ってほしいと思っています。

5. 私の家族、私の子ども

　私には子どもが二人いて、長男は3歳、次男は0歳4か月、日本生まれ、日本育ち、完全に日本語人です。長男は、私が英語で話すと「英語わからない!」って言いますし、アンパンマンと新幹線のはやぶさが三度のご飯より好きというぐらい日本語人です。私は子どもの頃に日本に行って、両方の文化が私の中にありますが、子どもにも、願わくは同じような経験を持ってほしいと思っています。いつかしばらくカナダで過ごして文化を吸収して、カナダ人としてのアイデンティティを持ってもらいたいと思っています。言語も必要だと思いながら、無理強いしたくないという気持ちもあります。福島にも、父親が外国人、母親が日本人という家庭がありますが、片親が家庭では完全に英語環境にしようとしているという話を結構聞きます。うちの場合は無理があるかなと思います。家を出た瞬間、英語環境のかけらもないですし、逆にそうすることによって、友だちとの話についていけなくてちょっと孤立してる子ども、たまに見るんです。そうではなく、土台となるような言語を育てる。福島にいる間は日本語を土台として、同時に好奇心をベースとしてほかの言語にも触れる機会を持つ。たとえば、私はよく映画を子どもと英語で見たり、英語の音楽を聴いたりしています。それは、子どもが好奇心を持ってくれるような仕組みを今から少しずつ作ろうとしているからです。もちろん、新渡戸稲造の伝記もマクマイケル家のバイブルとして渡したいと思っています。私と同じような夢を持ってくれたらいいなあと思いながら、渡すつもりです。

（2012年3月4日、早稲田大学にて講演）

[注] ウィリアム マクマイケル（2013）「カナダと日本で育った私が震災後のFUKUSHIMAから発信する理由」川上郁雄編『「移動する子ども」という記憶と力──ことばとアイデンティティ』pp. 310-322（くろしお出版）をもとにリライト

2 ▶▶ 以下の問いについて、考えてみよう

問1. ライフストーリーを読んで、マクマイケルさんの半生の軌跡を、次ページのグラフに表してみましょう（下の、田中ミツさんの人生グラフを参考にしましょう）。横軸が時間、縦軸がその時期の経験の意味（喜びや楽しさは＋、苦労やつらさは−）の度合を表します。

〈人生グラフの書き方の例〉

「田中ミツ」さんの人生グラフ

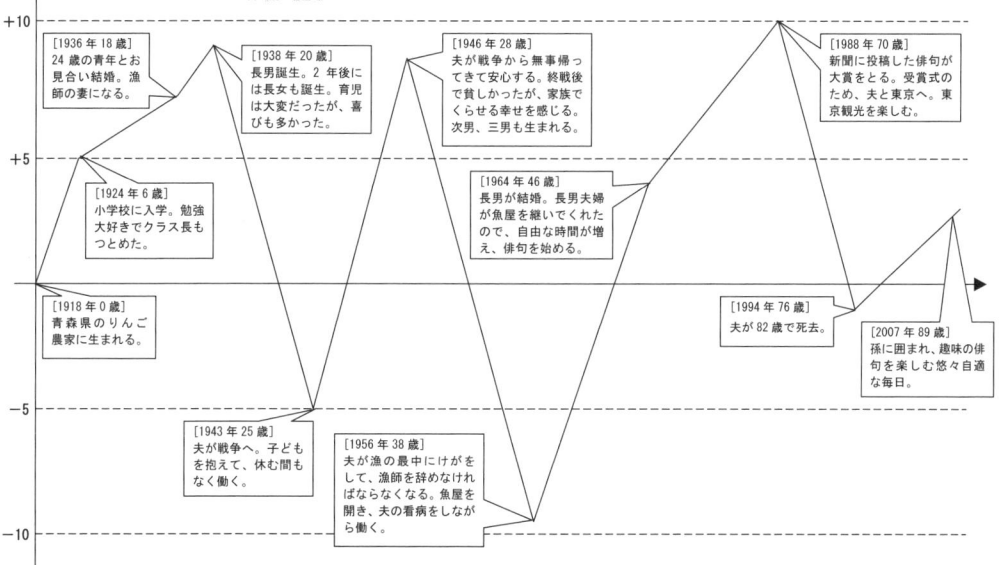

[1918年 0歳]
青森県のりんご農家に生まれる。

[1924年 6歳]
小学校に入学。勉強大好きでクラス長もつとめた。

[1936年 18歳]
24歳の青年とお見合い結婚。漁師の妻になる。

[1938年 20歳]
長男誕生。2年後には長女も誕生。育児は大変だったが、喜びも多かった。

[1943年 25歳]
夫が戦争へ。子どもを抱えて、休む間もなく働く。

[1946年 28歳]
夫が戦争から無事帰ってきて安心する。終戦後で貧しかったが、家族でくらせる幸せを感じる。次男、三男も生まれる。

[1956年 38歳]
夫が漁の最中にけがをして、漁師を辞めなければならなくなる。魚屋を開き、夫の看病をしながら働く。

[1964年 46歳]
長男が結婚。長男夫婦が魚屋を継いでくれたので、自由な時間が増え、俳句を始める。

[1988年 70歳]
新聞に投稿した俳句が大賞をとる。受賞式のため、夫と東京へ。東京観光を楽しむ。

[1994年 76歳]
夫が82歳で死去。

[2007年 89歳]
孫に囲まれ、趣味の俳句を楽しむ悠々自適な毎日。

国際交流基金日本語国際センター「みんなの教材サイト（http://minnanokyozai.jp/）」
Copyright The Japan Foundation

マクマイケルさんの人生グラフ

+10
+5
[年0歳]
−5
−10

[年 歳]

国際交流基金日本語国際センター「みんなの教材サイト（http://minnanokyozai.jp/）」をもとに作成
Copyright The Japan Foundation

3 ▶▶ 作成した人生グラフを見ながら、話し合ってみよう

クラスメイトと3～4人グループを作ります。問1の人生グラフをもとに、次の問いについて、話し合いましょう。

問2. マクマイケルさんは、それぞれの発達段階において、どのような問題にぶつかったでしょうか。

問3. その問題を克服していくうえで、どのようなことが支えとなっていたでしょうか。

問4． 複数のことばや習慣、考え方の中で育ったことは、彼のその後の生き方にどのような影響を与えているでしょうか。

_____

_____

_____

_____

問5． 彼が自分の生き方を見出していくうえで、影響を与えた出来事にはどのようなものがあったでしょうか。

_____

_____

_____

_____

_____

> **キーワード**

▶ ライフコース

　ライフコースとは、個人が人生の間にたどる道筋のことをいう。ライフコースは、就学、進学、就職、結婚、出産、転職、退職などライフイベントによって彩られ、個人の選択や社会的影響によって変化し、その結果、個人の生き方も社会的役割もライフコースの中で変化していく。

　したがって、子どもたちのことばの学びは、子どものときだけで終わるのではなく、その後、成人した後にも続いていくものである。それゆえ、子どもたちのことばの学びを子どもたちのライフコースの中に位置づけ、長いスパンの中でことばの学びを捉え、育てていく視点が必要となる。

▶ アイデンティティ・クライシス

　ドイツで生まれアメリカの大学で教鞭をとった発達心理学者のE.H.エリクソンが用いた概念。青年期に自己を確立していく段階で、「自分は何者か」「これから自分はどう生きていくべきか」など、自己意識についての悩みや不安、葛藤から心理的な危機的状態に陥ることをいう。

▶ 一次的ことばと二次的ことば

　乳幼児期を通して、家族など親しい人との間での具体的な場面を伴った直接的な会話の中で求められることばの力を「一次的ことば」と呼ぶ。それに対して小学校入学とともに求められる不特定多数の相手に向けて使用されることばを「二次的ことば」と呼ぶ。小学校の学習に必要となる書きことばは、二次的ことばの性質を持ったものである。
→岡本夏木（1982）『子どもとことば』岩波書店　参照

第15回 ライフストーリーを解釈する 3

台湾から来日した両親のもと横浜で生まれた陳さん。日本で生まれ、成長し、母となったライフストーリーを語ってくださいました。

1 ▶▶ 陳さんのライフストーリーを読んでみよう

〈陳天璽さんのプロフィール〉
中国本土から台湾を経て渡日した両親のもと、1971年に横浜中華街に生まれる。1972年、日本が中華民国（台湾）と国交を断絶した際、日本との戦争の記憶や中国共産党とのイデオロギーの違いから、両親が日本国籍も中華人民共和国国籍も取得しないことを選択。家族と共に「無国籍」となる。インターナショナル・スクール、中華学校、日本の高校・大学、アメリカの大学と、多文化の中で成長する。現在は研究者として、華僑・華人問題、移民・マイノリティ問題、国境・国籍問題に取り組む。早稲田大学国際教養学部准教授。

複数言語環境で育ち、育てる―ことば、国籍、アイデンティティ―

1. 台湾で出会った中国本土出身の両親のもと、日本で生まれた私

私は中国本土出身の両親から生まれました。父の出身地は中国東北部（旧満州）で、母は湖南省の出身です。二人とも第二次世界大戦を経験しています。中国の内戦の中、父は中国の最北から南下し、厦門から船で台湾へ渡りました。母は香港を経由して台湾に渡り、二人は台湾で出会って結婚しました。中国本土から台湾へ移った両親は台湾では外省人と呼ばれ、台湾生まれの本省人とは区別されました。マイナス30℃にもなる寒い気候のところから来た父にとって、当初トロピカルな台湾の気候は肌に合わなかったそうです。

両親にとって、日本との戦争の後、自国が政治的に分裂し戦争となり、帰りたい故郷に戻れない状況にありました。その後、将来のことを考えたとき、父は日本へ留学することに決めました。1956年に日本に来て、大学・大学院で学び研究者になりたいと考えていたようです。しかし、外国人であったことでなかなかそれもかなわず、どうしようかと考えていた頃、横浜中華街にある華僑総会で事務局の仕事をしないかという誘いがあり、その仕事につきました。その後、台湾から家族を呼び寄せました。そのとき、母は私の兄や姉、5人の子ど

もを連れて日本にやってきました。1960年代のことです。当時、父は40歳代半ば、母は30歳代半ばでした。日本でゼロからのスタートです。横浜のコミュニティで華僑のお世話をする仕事をしていましたが、月給だけでは5人の子どもを育てられないので、母は中華菓子屋を始めました。母は台湾では、政府銀行に勤めていたキャリアウーマンでしたが、日本に来てから7畳半の部屋に計7人で生活し相当苦労をしたと思います。

　兄や姉たちは台湾で生まれたので、来日当初は日本語ができず、苦労をしたようです。その後、7、8年経って私が生まれました。家族の中で私だけが日本生まれ日本育ちです。私が生まれた頃、家族は中華料理店を経営していました。移住したばかりの人はどの国でも、はじめのうちはいろいろと苦労します。ことばは通じないし、収入も限られます。両親は日本で商売をしながら子ども5人を育てるのは大変なので、兄たちが中学校の頃、兄二人をいったん台湾へ戻し、父方の祖父に育ててもらいました。姉二人は一番下の兄が小さかったのでその面倒を見るため日本にいました。私が生まれた頃に、今度は姉が台湾の大学に帰国生として進学し、逆に台湾にいた兄たちが日本に戻ってきました。我が家では、いつも家族の誰かが入れ替わり移動し、なかなか家族全員がいっしょになる機会はありません。文字通り「移動する家族」です。

2．幼少期から大学生までの私のことば

　家では両親の母語である中国語（普通話・マンダリン）で育ちました。私たち、子どもの使用言語は時や環境とともに変わりました。

　幼稚園はインターナショナル・スクールに入りました。インターの幼稚園に、2、3年通った後、近くにある日本の幼稚園へ転入しました。インターの幼稚園と日本の幼稚園は、いろいろと違いました。たとえば、インターの幼稚園では床に寝転がって絵を描くのは普通でしたが、日本の幼稚園ではそうはいきません。日本の幼稚園では性別によってカバンの色が違い、青いカバンがほしかったのに赤いのを渡されて嫌だったのを覚えています。

　母は私をアメリカン・スクールか日本の小学校へ入れたかったようですが、一方で父は、中華学校へ入れたいという希望を持っており、両親は私の教育について非常に迷ったそうです。両親は自分たちが英語を話すことができなかったうえに、学費が高かったので、インターの小学校を入れることはあきらめたようです。私立の小学校を受験しましたが、私は無国籍だったので、国籍問題が懸念され入学できませんでした。

　結局、家が経営する中華料理店のそばにある、横浜中華学院へ通うことになりました。中華学校といっても横浜には大陸系と台湾系の中華学校があります。両方の学校で教える中国語は、文字も発音記号も、政治的立場も異なります。私の場合は、父の思想や家族の関係で、台湾系の中華学校へ通うことになりました。学校ではすべて中国語で授業が行われていました。日本語ができる先生があまりいなかったので、学校では中国語がメインに使われていました。小学校2年生から日本語を学び、3年生から英会話を習うようになりました。今では多言語が学べるということで中華学校は「お受験校」となりましたが、私がいた頃は、一クラスに数十人しかおらず、学校の経営は大変だったと思います。

　私が通った中華学校は各種学校扱いになっています。ドライビング・スクールやクッキング・スクールと同じような扱いです。「一条校」ではなかったので、中華学校の高校を卒業しても、大検を受けないと、日本の大学を受験する資格が与えられません。ですから、生徒は海外へ留学するか、専門学校へ行くか、あるいは、提携する私立大学へ入学するか、

もしくは就職することになります。そういった事情があったので、お世話になっていた先生から勧められ、私は中学を卒業するときに日本の公立高校へ移りました。

その頃の私の言語ですが、中華学校では主に中国語を使っていましたが、休み時間や放課後になると、話す友だちによって使う言語が変わります。たとえば、「你、星期日どうするの？（あなた、日曜日どうするの）」といったように、日本語と中国語のちゃんぽんなのです。ちゃんぽんで話すのが一番楽なのです。クラスの同級生はみんな生い立ちが異なります。たとえば、私のように日本生まれ日本育ちの子もいれば、台湾から来た子もいます。そんな子は日本語より中国語が楽なので、私と話すときは中国語を話し、台湾から来た生徒同士は閩南語（福建省南部の方言）で話したりします。閩南語で話されると日本生まれの子はわかりません。また親の出身地によっては家で広東語を使う子もいれば、上海語を話す子どももいるなど、多種多様でした。相手によってことばを変えるのが普通です。家でも、父と話すときは中国語で、兄と話すときはちゃんぽんで話すのが普通でした。また、電車の中で友だち同士日本語で話していても、周りにいる乗客に聞かれたくないときは中国語で話すなど、状況によってことばを使い分けるのが普通でした。

中華学校の小学校では日本語の授業で日本語を学んでいましたし、家を出ればいつでも日本語を使うので、日本語はがんばらなくても身についていました。それでも、公立高校に入って最初に思ったことは、日本語での表現が非常に難しいということでした。それまで中国語で授業を受け、中国語でノートを取っていたので、中国語でノートを取る方が楽な時期が大学１年くらいまで続きました。大学で小論文やレポートが課せられて日本語で書くトレーニングが増えると、それまで中国語で書いていた日記を日本語で書くことが多くなりました。その後、アメリカへ留学すると、英語で書くことが増えました。まさに、使う言語は環境によって変わったと思います。

3．ことば、国籍、民族、アイデンティティ

私の場合、中国語と日本語を日常的に使います。アメリカに留学していたので、英語の表現が入ってしまうことがあります。中・日・英、三つの言語がわかる人と話しているときが一番楽です。私はちゃんぽんで話すのが一番楽なのです。たとえば、アイデンティティというときに、わざわざ日本語で帰属意識とか中国語で認同（レントン）というよりは、そのままidentityといえばすぐわかりますよね。

最近、日本語でものを考えることが増えてきたので、日本語はそれほどおかしくなくなりましたが、中華学校に通っていた中学生の頃、教会学校で会う日本人の子どもたちと自分は明らかに違うと感じました。日本人の子と会話をしていて変な表現があるとよく笑われました。大学のときも、私の日本語が変だとよく笑われました。たとえば、道を歩いていて、「信号が緑になった」と言ってしまったのです。日本語では信号は「青」ですが、中国語では「緑燈（リューテン）」というので直訳すると緑ライトとなります。つまり、中国語の発想で日本語にして表現してしまうことが多くあったようです。ほかにも「電気閉めて」と言ってしまうのです。日本語では「消して」ですが、中国語では「関燈（グワンテン）」（「関（グワン）」は「閉める」の意）なので、「閉めて」と言ってしまうのです。

また、社会との関わり方の違いも感じました。たとえば、挨拶や人を呼ぶときです。中国語では、李伯伯（リーボーボー／李おじちゃん）、王阿姨（ワンアーイー／王おばちゃん）などのように名字と身分・関係性で呼びます。血がつながっていなくても、目上の人に対して、お

じちゃんやおばちゃんと呼ぶのです。そのように呼び合うことによって、疑似家族的なつながりができるのです。日本では、誰でも「○○さん」と呼ぶのが普通ですよね。日本の社会に入ったとき、あまり親密な呼び方はしないのだなあと思いました。中国社会での価値観を共有していない人を、失礼のないように、どう呼べばよいのだろうと、呼び方に迷ったりしますね。

　高校では、友だちとのつきあい方に正直、戸惑いました。中華学校では学年に1クラスしかなく、1クラス十数人だったので、親友以外は、みんな同じつきあい方をしていました。日本の高校へ行ったとき、「なかよしグループ」に驚きました。いつも、なかよしグループで固まって行動し、グループ以外の人とはあまり話すこともないのです。たとえばみんなでいっしょにトイレに行ったりするのも驚きでした。高校生の頃は、人に受け入れられているか、心の許せる人がいるかどうかって重要ですね。当時、日本の高校では自分はみんなにとって親友とかつきあう異性として対象にならないと思っていました。その年頃は、友だちと語り合うことで人生の目標を考えたりしますが、幸い私は小学校からの親友がいて、学校は違いましたが支えになってくれました。

　私はこれまで、世界各国へ移住したChineseについて研究してきたのですが、育ってきた国によってChineseの考え方は千差万別です。加えて、世代によっても考え方が異なってきます。日本で育った華僑でも、何世なのかで考え方が違いますし、政治イデオロギーによって話す内容も変わってきます。また、学校は中華学校に通っていたのか、アメリカン・スクールに通っていたのか、日本の学校に通っていたのかによっても、異なってきます。

　国籍も国によって異なります。アメリカで生まれたChineseは法的にはアメリカ国籍ですし、タイで生まれたChineseは法的にはタイ国籍になります。でも、日本で生まれたChineseの場合、親が帰化していない限り、あるいは親が国際結婚でどちらかが日本人でない限り、子どもは日本で生まれても法的には日本国籍ではなく、外国人になります。さらに、私の場合、分裂した中国と日本の間での外交関係の変動によって、無国籍になりました。法的に無国籍、しかし民族的にはChineseなので、いったい自分の帰属はどこなのかと思うようになりました。自分をどの角度で見るのか、また誰といっしょにいるのか、誰に見られているのかによって、アイデンティティは変わると感じました。

　私自身、日本が大嫌いな時期もありましたし、Chineseが大嫌いなときもありました。でも、大人になっていくと、なんでもひと括りにして語ることが間違っていると気づくようになりました。たとえば、「日本のここが嫌い、ここは好き」というのがあるにも関わらず、「日本が全部嫌いだ」といっしょくたに考えていたことに気づきました。日本から解放されたくてアメリカに行ったのですが、アメリカに行ったら、自分の中にあったアメリカの理想像と現実の姿は違うし、だんだんと中国、台湾、日本、アメリカを客観視できるようになりました。アメリカのChineseの中にいても、私は日本から来たChineseで、アメリカのChineseのフルメンバーにはなれないと感じましたし、中国系の中でもこういう中国系は好き、こういう中国系は嫌いとか、いろいろであることがわかりました。そして、結局、私はどこへ行ってもフルメンバーにはなれない、そして、自分は変わらないと気づきました。そういったことをどう乗り越えたのかといえば、留学や旅をするとか、いったん離れて客観視したり比較したりすることですね。留学先や旅先で寂しくなるときもありますが、家族や友だちが大きな支えになりました。わかってくれる友だちとかボーイフレンドとか、自分を認めてくれる人がいることが大切だった

と思います。私の場合は、兄とか姉とかがいましたし、親友もいましたし、また、日記で自分と対話していたのかもしれませんね。

　私のアイデンティティについてですが、言語、文化だけでなく、いろいろな要素が混じっているのが自分らしいのかなと思っています。マイナーな存在のままでいいのかなと思ったりしています。自分が生まれたところを離れたことが自分のアイデンティティについて考えるきっかけだったと思います。知らないところで一から始めるとき、自分の中にある複数のアイデンティティを利用して他人とつながろうとしていました。そして、つながる人自体が複数のアイデンティティを持つ人だったりして、そのような人とのつながりの中で、自分自身も、複数のことばやアイデンティティを持っていることで安心するのだなと感じました。そんなことから、自分のアイデンティティを感じるようになりました。

　アイデンティティの中で、私の場合、大切なのは食べ物ですね。どこへ行っても中華料理が多いです。おさしみは苦手です。親が中華料理を経営していたので、食べ物は中華料理がメインでした。毎日の食事はもちろん、アイデンティティや文化帰属を考えたとき、私にとって、食べ物は大きい要素なのではないかと思っています。

　私は2003年に日本国籍を取得しました。よって、法的には、日本人になっています。私が結婚した相手も日本人です。私が日本国籍を取得した後に彼に出会いました。結婚に伴い、日本はまだ夫婦別姓が認められていないので、私の名前か相手の名前が変わることになります。私にとって、国籍が変わることよりも、名前が変わることの方が心地悪く、まだ婚姻届を出していません。

　息子が生まれたときは、物理的に血のつながりを証明できるため、最初は私の戸籍に入っていました。息子が1歳になるときに、夫が一人息子なので後継者のことも考え、息子を夫の戸籍に移しました。それに伴い、名字も陳から日本人っぽいものになりました。息子は、家の横にある中華学校の保育園へ入れました。夫も私と結婚するくらいなので、異文化に理解があって、いわゆる多文化環境で子どもを育てるのをよしとしています。

　言語に関しては、家の中では、私と夫は日本語で話すので、息子にとって一番楽な言語は、今は日本語だと思います。祖父母もいますので、家の中では中国語も日本語も話しています。私が中国語で話すと全部理解できるようです。息子は、返事をするときにたまに日本語になったり中国語になったりしています。そのような環境にいるので、夫も話すときに中国語が入るようになっています。息子は今、中華学校の小学校に通っているので、ますます中国語が増えていくと思います。でも、テレビとか日本語の環境が大きいので、彼の中では日本語がメインですね。私の場合は、両親が全部中国語で話していたので中華学校には行っても苦労はありませんでしたが、息子は私よりも苦労するだろうと思います。

　どんなところで生まれたか、どんな家庭に生まれたかによっても子どもに課せられる荷は違うので、決して平等ではありません。私もそういう子を産んでしまったので、親としての責任を果たさないといけないと思っています。私としては、オプションを広げられる環境を与えておきたいと思います。子どもにとって今は大変かもしれないけれど、10年先、20年先、30年先に、子ども自身がよかったと思える時期が来たらいいなと思います。

　　　　（2012年2月3日、早稲田大学にて講演）

[注] 陳天璽（2013）「多文化社会の中で育つ、育てる――ことば、家族、社会、そしてアイデンティティ」川上郁雄編『「移動する子ども」という記憶と力――ことばとアイデンティティ』pp. 323-334（くろしお出版）をもとにリライト

2 ▶▶ 以下の問いについて、考えてみよう

問1. ライフストーリーを読んで、陳さんの半生の軌跡を、以下の手順で次のページの表に記入してみましょう。

〈手順1〉
　まず、印象に残った部分を、左端の「出来事・エピソード」の列に書きましょう。

〈手順2〉
　その出来事・エピソードから、「陳さんのことば、心、人間関係、アイデンティティ」についてわかることを、真ん中の列に書きましょう。

〈手順3〉
　その「出来事・エピソード」、「陳さんのことば、心、人間関係、アイデンティティ」という具体的な事例から、複言語で育つ子どもに関してどのようなテーマが浮かび上がるか考えましょう。そして、そのテーマについてわかること、言えることを、右端の「あなたの解釈」の列に書きましょう。

表　陳さんの半生の軌跡

出来事・エピソード	陳さんのことば、心、人間関係、アイデンティティ	あなたの解釈（どんなテーマか、テーマについて何がわかるか）

第15回　ライフストーリーを解釈する3

出来事・エピソード	陳さんのことば、心、人間関係、アイデンティティ	あなたの解釈（どんなテーマか、テーマについて何がわかるか）

3 ▶▶ 以下の問いについて、話し合ってみよう

クラスメイトと3～4人グループを作ります。問1の表をもとに、次の問について話し合いましょう。

問2. ライフストーリーのどの部分の、どのようなエピソード、あるいはことばが印象に残りましたか。

問3. その部分は、これまでに学んだどのようなテーマと関連していますか。また、そのテーマについてどのようなメッセージが浮かび上がりますか。同じ部分について、異なるテーマ、あるいはメッセージを解釈した人がいたら、なぜ、そのように考えたのか、なぜ異なった解釈をしたかを話し合いましょう（浮かび上がったテーマ、あるいはメッセージをメモしましょう。後で発表します）。

4 ▶▶ ライフストーリーを踏まえ、考えてみよう

問4. 複言語で育った子どものことば、アイデンティティ、生き方と国籍は、どのように関わっていると思いますか。あなたにとっての国籍の意味を振り返りながら、考えましょう。

> キーワード

▶無国籍者

　無国籍者は、「国籍を持たない人、どの国からも国民と認められていない人」を指し、「世界に1200万人いる」といわれている。通常は、出生地または親の国籍を取得するが、国籍法の抵触や法の不備により、どこの国の国籍も取得できない人や、国籍を持っていた人が国籍を失う場合がある。多くは本人の落ち度ではない理由で、無国籍者となる。

　無国籍であると、パスポートなどの公的書類を取得できない、祖国へ帰れないなどの問題がある。また、就職、留学、結婚などにおいて差別されるなど、さまざまな困難に直面する。

→NPO法人無国籍ネットワーク「『無国籍』を知ってください」参照
http://statelessnetwork.sakura.ne.jp/wp/

▶リテラシー（Literacy）

　「読み書き能力」「識字能力」と訳される場合もあるように、狭義の「言語能力」を意味することが多いが、近年はさらに広い概念として使用されるようになった。メディア・リテラシーやコンピュータ・リテラシーはその例で、それぞれメディアやコンピュータに対応する能力、あるいはそれらを主体的に批判したり、使いこなせる能力をいう。

　言語教育においては、異文化対応能力や対人関係構築能力、また目標言語を使用するうえで自分が心地よいと思う「第3の場所」（the third place）を見つける能力をいう場合もある。

▶インターナショナル・スクール

　日本においては、日本に居住する外国人児童生徒を対象に教育を行う外国人学校のうち、主に英語により授業が行われる学校をいう。中国語や韓国語で授業を行う民族学校も含めてインターナショナル・スクールと呼ぶ場合もある。多くは、学校の設置基準等を規定する学校教育法の第一条に定められた「一条校」ではなく、「各種学校」とみなされている。そのため、それらの「各種学校」を卒業しても、日本の義務教育を修めたことにはならない。

　最近は、子どものときから英語や中国語などを学ばせるために入学させる日本人の親もいる。また日本国外には多様なインターナショナル・スクールがあり、親の都合で日本国外へ移動した子どもが多数入学している。

第16回 ライフストーリーを聴く

> 複言語で育った子どもたちの成長を理解するためには、子どもたちの語りに耳を傾け、深く考えることが必要です。どのように耳を傾け、どのように考えるのか、その方法について学びましょう。

1 ▶▶ ライフストーリーを比較してみよう

問1. NAMさん、マクマイケルさん、陳さんから、二人を選びます。選んだ二人のライフストーリーは、どのような点が共通していて、どのような点が異なっていますか。テーマごとに二人の特徴を話し合いながら、下の例を参考に、次ページの表に考えたことを書き込みましょう。まず、選んだ二人の名前を「人」という欄に記入します。そして、二人の特徴を、それぞれの名前を書いた列に記入しましょう。左端の「テーマ」という列には、二人の特徴をまとめるキーワードを考えて記入しましょう。

問2. 表「ライフストーリーの比較」に記入した二人の特徴を見返しながら、「二人の共通点、相違点からわかること」を考えて、右端の列に記入しましょう。複数のテーマにまたがる(テーマ同士の関係についての)内容でもよいでしょう。

〈例〉

人＼テーマ	マクマイケルさん	陳さん	二人の共通点、相違点からわかること
空間の移動	5歳でカナダから日本へ、8歳で日本からカナダへ、大人になってから再び日本へ。	日本で生まれ育つ。成長してからアメリカへ留学。	幼少期に空間(国家間)を移動しているかどうかの状況は異なる。空間を移動していなくても、言語間を移動している場合がある。

第3ステージ 子どものライフコースを考える

表　ライフストーリーの比較

テーマ＼人			二人の共通点、相違点から わかること

テーマ＼人			二人の共通点、相違点から わかること

2 ▸▸ ライフストーリーの聴き方について、考えてみよう

問3. 複言語で育った人に、ライフストーリーを語ってもらうインタビューでは、どのようなことに留意すると、よいインタビューになるでしょうか。

問4. 複言語で育った人にインタビューを行うとき、語り手の話を引き出すためにどんな質問をしたらよいでしょうか。グループで質問を考えてみましょう。

〈テーマの例〉
・幼少期の複数言語の使用について
・複数言語使用を意識した時期
・複数言語を習得するときの難しさ
・思春期に感じたこと
・自分の言語能力についての評価
・複言語能力とアイデンティティ

> **キーワード**

▶ **構造化インタビュー**
 (Structured Interview)

　事前に決めた質問項目を、事前に決めた順番に、事前に決めた条件で尋ねるインタビューの種類をいう。複数の語り手全体の傾向を把握したいとき、特定の情報を得たいときに有効。

▶ **非構造化インタビュー**
 (Unstructured Interview)

　語り手主導で、自由に語ってもらうインタビューの種類をいう。語り手の固有性を知りたいとき、未知のテーマについて探索したいときに有効。聞き手は、語り手の語りを引き出すきっかけとなるような、オープン・クエスチョン（開かれた質問）を投げかける。たとえば、「あなたの子ども時代から現在までの経験を話してください」や、「あなたはどんな子どもでしたか」、「そのとき、どんな気持ちでしたか」等である。それに対して、Yes/Noでしか答えられない質問はクローズド・クエスチョン（閉じられた質問）と呼ばれ、語り手の自由な語りを引き出すには適さない。

▶ **半構造化インタビュー**
 (Semi-structured Interview)

　構造化インタビューと非構造化インタビューの間に位置する。事前に大まかな質問項目や順序を決め、それに沿ってインタビューを進めるが、途中で気になる発言があったら、その部分を詳しく語ってもらったり、新たな質問項目を加えたりしながら、聞くインタビュー。

▶ **インタビューの倫理**

　インタビューを行い、その内容を公表する際、語り手に不利益を与えないよう、聞き手は十分に配慮する必要がある。インタビューを行う前に、最低限、以下の内容を語り手に伝えたうえで、了解を得ることが重要である。①いつでもインタビューをやめることができる。②語られた内容は、調査以外の目的に使用しない。③レポートや論文を公表する際、個人を特定できる情報（名前、所属、出身地等）は伏せる。

第17回 ライフストーリーを書く

> 複言語で育った人のライフストーリーに耳を傾け、その人の経験や記憶を書きとめることで、私たちは何を学ぶのでしょうか。

1 ▶▶ ライフストーリーを聴いてみよう

問1. ゲストを呼んで、前回考えた質問をし、ゲストのライフストーリーに耳を傾けましょう。

問2. ゲストの話の中で印象に残ったことばやエピソードはありますか。メモしましょう。

2 ▶▶ ライフストーリーを書いてみよう

問3. ゲストの話の中で印象に残ったことばやエピソードのメモを読み返しましょう。メモしたことばやエピソードには、どのようなテーマや背景が関わっていると思いますか。あなたの解釈を書きましょう。

問4．ライフストーリーをまとめるとき、どのような点に留意したらよいでしょうか。

〈例〉
- **はじめに**：どのようなテーマに関するライフストーリーを紹介するのか。どのような点に焦点を当てて報告するのか。
- **語り手のプロフィール**：どのような背景の人か。
- **○○さんのライフストーリー**：語りの内容と、それに対する自分の解釈を交互に織り交ぜて書き進める。語り手のことばを十分に引用する。引用の予告→引用→解釈のように論を進めるとよい。語りの特徴を表す小見出しをつけるなどして、話題を整理して書く。
- **考察**：ライフストーリーからどのようなテーマが浮かび上がったか。そのテーマについて、ライフストーリーからどのようなことがわかるか。これまで学習してきたこととの共通点や新たな発見など。
- **おわりに**：全体のまとめ、新たな課題や疑問など。

〈レポート例〉
　　ライフストーリーをまとめたレポートの例を次ページ以降に二つ示します。ライフストーリーをまとめる際、参考にしましょう。

3 ▶▶ 考えてみよう

問5．ゲストのお話や、インタビューをする経験から、気づいたこと、学んだことは何ですか。

学生レポート例①

りん子さんのライフストーリー

XXXXXXXX-X（学籍番号）
○○学部△△学科4年　□□□□

複言語で育つ子ども：青森りん子さん（仮名）
〈プロフィール〉青森県生まれ。三人きょうだいの長女。父親の仕事の都合で4歳からイギリスで2年間過ごし、現地の幼稚園に通う。その後日本に帰国し、高校1年生の終わりごろからオーストラリアで3年間過ごし現地高校に通う。現在大学4年生。

　英語教育、言語学を学んでいることから、ことばの習得、アイデンティティ形成についてさまざまな視点からお話が聞けるのではないかと思い、インタビューを行った。

イギリスにいた頃のりん子さん

りん子さんは4歳から2年間、イギリスで過ごした。
──イギリスでの思い出について教えてください。
りん子：いろんな博物館に連れて行ってもらった。あまり覚えてないんだけど。今の外国や外国文化への興味はイギリスに住んでいた影響が大きいんじゃないかな。
──英語はわかりましたか。
りん子：イギリスの幼稚園では英語を話していたし、相手の言っていることも理解できてたと思う。でも英語と日本語を使い分けているっていうはっきりした自覚はなかったかな。それでも、私が今話している英語はイギリス英語に近いし、そのときの影響は結構大きいと思う。

りんこさん、オーストラリアへ

りん子さんは、父親の仕事の関係で、高校1年生から、オーストラリアで1年間過ごす。
──外国に行くことが決まって、どんなふうに思いましたか。
りん子：そのときは高校生だったから、進路の心配はしたかな。大学受験どうなるんだろうとか。でも、外国はもともと住んでたし、外国好きの両親の影響ですごく興味があったから嬉しかった。後で現地の学校に入ったら大変でどん底になったんだけどね…（笑）
オーストラリアへ行き、最初にりん子さんは半年間、移民のための語学訓練学校で英語を学び、現地校に転入した。

わかっているのに伝えられない

──学校生活などで英語を使っていて、つらい、嫌だと感じたことはありますか。
りん子：ある。私よりも英語が話せる韓国人の友だちとけんかしたとき、気持ちが高ぶってたのもあってことばが全然出てこなくて。相手に「私の言ってること全然わかってないでしょ。」って言われて「わかってるのに…」って悔しくなった。ことばを発しなかったら、何もわかってないって思われるんだなって思った。あと、科学の授業で、教科書を読ん

でと言われて音読して、それから内容について質問されたけど答えられなかった。その文章の内容を理解することなんて難しくてできなかったから。でも内容は母語だったらわかるものだった。それなのに先生は学力が低いって思ったらしくて。「読めるのにわからないのか?」って感じで。それが嫌だったな。「別にわかってますけど(怒)」みたいな感じ(笑)。そういうのを理解してくれたのはESLの先生くらいだった。

この話は、内容を理解していてもことばを発することができない子どもの状況や心理を、顕著に表している。複言語で育つ子どもに日本語を教える立場に立った際には気をつけなければならない点であろう。

オーストラリアで得たもの

──オーストラリアに行く前といった後、あなたの中で大きく変わったことはなんですか。

りん子:いろんな考え方があっていいんだなって思えるようになったこと。私は田舎の出身で、街を歩いていて知らない人はいないくらいお互いの距離が近い環境で育った。狭いコミュニティだから考え方もみんな似たような感じだったけど、オーストラリアに行ってそれは劇的に変わった。みんながさまざまに違う考えを持ってる。それぞれの違いにそれまで持っていた価値観や常識を揺るがされる感じがした。それで、お互いを受け入れないとやっていけないから受け入れる。それって組み立てられた性格を一回崩してまた組み直すみたいな感じだった。

この話から、彼女のアイデンティティ形成に、オーストラリアでの経験が大きく影響していることがわかる。社会的環境の中で、それぞれの持つ価値観の違いはりん子さんに衝撃を与え、それが「性格を一回崩してまた組み直す」ほどの力を持っていたことから、海外生活経験の影響の大きさが感じられる。

考察

りん子さんの話で印象的だったのは、彼女が常に前向きであったことである。伝えたいことが伝えられないという困難の中で、前向きさと外国生活でのさまざまな経験にもまれて得た強さが、彼女の言語習得にプラスになったと考える。また、りん子さんが自分の言語の習得の様子を客観的に、よく観察していたことも印象的である。外国で生活する自分をよく見つめ、自分はこの地でどのようにあるべきかを、よく考えていたことが「組み立てられた性格を一回崩してまた組み直す」という行動からも感じられる。自分の常識や価値観を揺るがされる状況でそれを受け入れ、どうしたらよいかを考えた点に、彼女の前向きさ、冷静さが感じられる。言語や文化の面でつらいと感じたことがあったが、それらを受け入れ、プラスに変えていった経験が、彼女にとって一生の強みとなり、オーストラリアでの経験をより印象づけたと推測する。

複言語で育つ子どもたちは、複数の言語や国の間を行き来する中で、いくつもの困難に出会う。しかし、りん子さんのように、その子にとって支えとなる環境、考え方があれば困難を乗り越え、その子にしかない強さと自信を得ることができるだろう。「移動する」という貴重な経験を通して、それぞれが自分らしさを形成して前向きに生きていける、そんな環境が大切なのではないかと考える。

> 学生レポート例②

明華さんのライフストーリー

XXXXXXXX-X（学籍番号）
○○○○○（名前）

〈プロフィール〉

名前：孫華　　　　　　日本名：白石明華
年齢：22歳　　　　　　国籍：中国　　　　　　使用言語：日本語

　父は中国人と日本人のハーフ、母は中国人のクォーター。家族構成は、父、母、姉、明華さんの4人家族。父と母は中国で生まれ育ち、結婚後来日して一年後に姉が生まれる。姉と明華さんは日本で生まれ育つ。現在は、保育士と幼稚園教諭の資格・免許取得のために大学に通っている。

　明華さんは同じクラスの友人である。明華さんは国籍が中国だが、中国語を話すことができず、親戚の人が話す内容を理解できないことに不自由さを感じているようであった。また、親や親戚の出身国である中国に興味を持っているという話を以前聞いたことがあった。インタビューを行うことによって、明華さんの中国や日本への認識や、今後の人生設計をより深く知りたいと思い選んだ。

〈インタビュー内容〉

　インタビューは約30分行った。明華さんの話の中で、特に、家族や親戚との関わり、母国についての考え、将来の希望に焦点を当てて、引用する。

家族や親戚との関わりで印象に残っていることはありますか？
明華：中国にいる親戚と私はコミュニケーションが取れないから、いつも会話が大変だったかな。常に通訳を必要とする感じだから、スムーズに会話ができたらもっと楽しいだろうな、と思います。家族とはいつも日本語で話しているので苦労はありません。

母国についてどう考えていますか。
明華：私にとっての母国は日本かな。国籍は中国だけど、やっぱり生まれ育った場所が母国だと思います。でも、生まれてからずっと2年に一度のペースで中国にも行っていることもあって、中国も大切な国です。

今後やりたいことはありますか？
明華：日本にいるいとこや私の姉は、皆一年間中国に留学しています。中国語を活かした仕事をしているいとこもいます。私は留学するつもりはなかったんだけど、最近、社会人になってお金が貯まったら、二年間中国に行って中国語を学ぼうかなと考えています。あと、中国にある日本人向けの、日本人駐在員の子どもとかがいる幼稚園にも興味があるので、いずれ、中国のそういうところで働けたらなって考えています。将来子どもが生まれたら、中国語を学ばせるかはまだわからないけど、中国に連れて行ったりして中国って国には触れさせたいとは思っています。

〈インタビューをもとに考える〉
母国の認識
　母国はどこかと質問したとき、明華さんは悩むことなく日本と答えた。母国がどこであるか考えるとき、明華さんにとって国籍は大きく関係していないようだった。明華さんにとって日本は生まれてからずっと暮らしてきた国であり、明華さん自身も日本人と変わらぬ生活を送ってきた。時々中国へ行くこともあるようだがそれは数日間のものであり、日本の暮らしが基盤になっている。また家族は日本語も中国語も話すことができるが、家庭での会話はすべて日本語で行っている。明華さんの日常生活の中で日本という国が占める割合が圧倒的に多いということが大きな影響を与えているのだといえる。
　明華さんの語りから、《居住国・国籍と母国の関係》というテーマが浮かび上がる。日本を母国と捉えていることから、生まれ育った国の重要性が感じられる。国籍が中国であるが、明華さんにとって国籍は肩書きにすぎないのかもしれない。

中国への想い
　母国を日本と考えている明華さんだが、自分の国籍があり親の生まれ育った国である中国に対しての想いも大きかった。明華さんは自分の将来について、中国で日本語を活かして働きたいと語っている。今後中国との関わりをより増やしながら、日本語を活用した生活を送ることを考えている。中国に留学し中国語を勉強することにも興味を持っている。この中国への想いの背景として、家族や親戚が中国と関わりの多い生活をしていることが挙げられる。親戚の中には日本で生まれ育ち中国へ留学した人もいた。親戚と関わる中で話を聞き、留学に興味を持ったのではないか。また、親戚の人が話す内容を理解することができず不便な思いをしてきた経験から、中国語を話せるようになって通訳が不要になるようにしたいと考えるようになったことも、大きな背景であろう。
　明華さんの語りから、《なぜ親の母国に興味を持つのか》というテーマが浮かび上がる。国への考え方は決して彼女一人の中から生まれるのではなく、周囲の人の影響を大きく受けていることがわかった。川上編（2010）は「子どもたちは、自分が持っている言語やその背景について、友だちからの目線や社会からの見方を敏感に感じながら、生きている」(p.209)と指摘する。明華さんの場合は、家族や親戚のような非常に身近な人の影響を受けているようだった。家族や親戚といった周囲の環境は重要なものであると考えられる。

〈インタビューから学んだこと〉
　インタビューから、明華さんの中国への強い思いを知り、家族や親戚が与える影響の大きさがわかった。また、明華さんは将来、中国にある幼稚園で日本人の子どもと関わりたいと考える。これは、明華さんの"中国と関わりを持ちたい"という思いと、"母国は日本"という考えの双方に応えることのできる生き方であろう。大切に考えている国が複数あるからこそ、このような職業に興味を持ったのではないかと考える。最後に、インタビューの難しさがわかった。質問を用意していたが十分な回答が得られず聞き直すことがあった。自分が何を聞きたいのか、レポートでは何を考えたいのかを明確にする重要性を学んだ。

［参考文献］川上郁雄（編）(2010)『私も「移動する子ども」だった——異なる言語の間で育った子どもたちのライフストーリー』くろしお出版．

キーワード

▶データ分析とコーディング

　データ分析は、データの意味を理解し、意味づけをするプロセスである。インタビューの文字化資料など、ことばによって記録されたデータを分析するための方法の一つが、コーディングである。コーディングは、データの中からいくつかのテーマやサブテーマを見つけ出し、それらのテーマやサブテーマの関係を整理するための作業である。以下の手順で行うとよい。

　インタビューの文字化資料を用意したら、それをよく読みながら、インタビューの部分に対して、語り手がどういう事を言っているのか、発言の背景にはどのような意図や経緯があるのか等を、余白に書き込む。また、ひとまとまりの意味内容に対して、その内容を一言で表す見出しやテーマを書く。次に、書き込みしたことばをカード等に書き出して、相互の関係を考える。ひとまとめにできることばはないか、そのまとまりに名前を付けるとしたら何か、等を考える。

▶引用

　語り手のことばを引用する場合、次の手順を踏むとよい。まず、どのような語りを引用するのかを予告する。次に、語り手の語りを示す。一部省略する場合は「(中略)」等と示す。3行を超える引用のときは、横書きの場合、行を変えて、左側を3文字程度右へ引っ込める。短い引用のときは、行を変えず、「」に入れて示す。引用後、引用部分のポイントを簡潔に述べた後、自分の解釈を示す。

▶厚い記述（Thick Description）

　人類学者、クリフォード・ギアーツ（Geertz, Clifford）が、『文化の解釈学』(1987)で、文化を解釈し記述するとはどのようなことかを論じるために紹介した概念。同一の行為であっても、文脈によって意味が異なる行為を「厚く」書くとは、文脈によって異なる意味の重層性を記述することをいう。

　たとえば、(1) 1番目の少年が片目をつぶる、(2) 2番目の少年は片目をつぶって合図をする、つまり「目くばせ」をする。(3) 3番目の少年が1番目の少年の「まばたき」を下手な「目くばせ」と思ってわざとその真似をする。つまり、「目くばせの真似」。(4) 少年がそのような「目くばせの真似」をすることに自信がなくて家の鏡の前で目くばせの真似の練習をする。つまり「目くばせの真似の練習」。このように同一の行為であっても、その行為の意図や意味は異なるものである。したがって、「厚い記述」とは、解釈される意味の構造を記述することをいう。

→C.ギアーツ(1987)『文化の解釈学 I』岩波書店　参照

第18回 意見交流会と全体の振り返り

> 複言語で育った人のライフストーリーを書きとどめることで、私たちは何を学んだのでしょうか。そして、複言語で育つ子どものことばの学びを、私たちは今後どう考えていったらよいのでしょうか。

1 ▶▶ 前回の授業を振り返り、話し合ってみよう

問1. グループに分かれて、〈意見交流会〉を行います。前回のゲストのライフストーリーについて、各自で考えたことを発表し、質疑応答します。そのうえで、発表内容の共通点と、解釈が異なった点をまとめましょう。

2 ▸▸ これからのあなたについて、考えてみよう

問2. 複言語で育った子どもについて学んだことを、あなたは、今後の人生に、どのように活かしていけるでしょうか。次の手順で《自分マップ》を作成し、考えましょう。

〈手順1〉
　あなたは現在、どのようなコミュニティ、あるいはグループに属しているでしょうか。また、今後、どのようなコミュニティ、グループに属していくでしょうか。自分を中心として、自分が属しているコミュニティやグループとの関係図、《自分マップ》を、次ページに描いてみましょう。

《自分マップ》の例

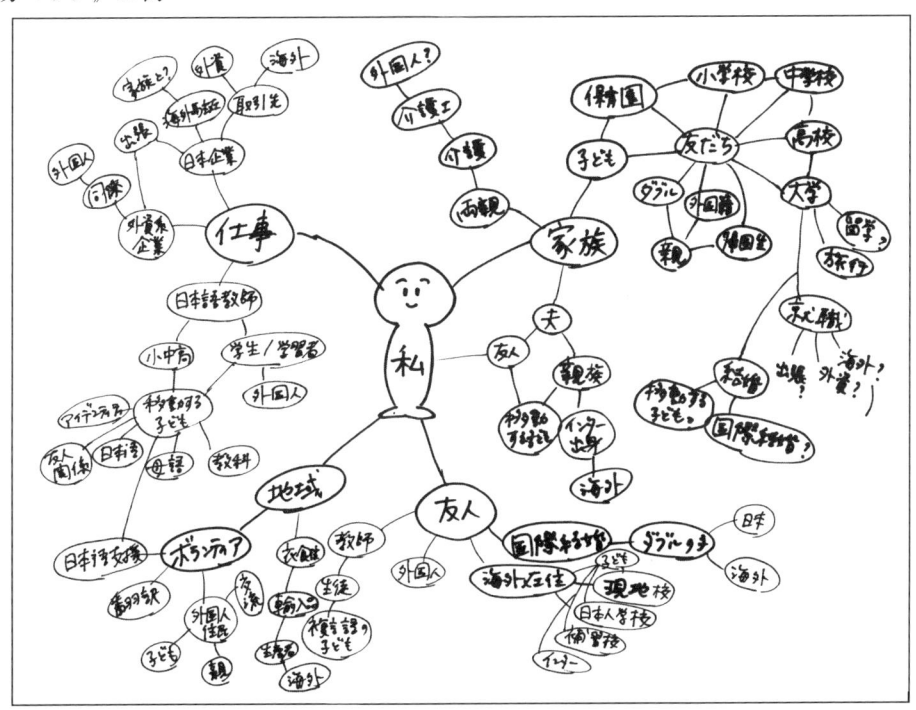

〈手順2〉
　現在の自分は、複言語で育った子どもたちと、どのように関わっているでしょうか、あるいは、今後関わっていけるでしょうか。自分が属しているコミュニティやグループにおける自分の立場や役割ごとに、複言語で育った子どもたちとどのように関われるかを考え、《自分マップ》に書き足してみましょう。

〈手順3〉
　隣の人に《自分マップ》を見せながら、自分と複言語で育った子どもとの関わりを説明しましょう。

自分マップ

🔖 キーワード

▶ 一般化可能性

　調査における一般化可能性は、ある調査結果がどの程度ほかの状況に適用できるのかを問題とする。質的研究に対しては、単一の事例からの一般化は可能なのかという疑問や批判が多い。それに対して、質的研究では、一般化よりも文脈に即した推論や作業仮説を提供することを目的とする。また、調査結果がどの程度ほかの状況に適用できるかは、その状況にいるほかの人々、つまり読者の判断にゆだねる、といった考え方を取る。そのため、豊かな記述を行い、読者が自分の状況への適用可能性を判断できるようにすることが重要である。

▶ 妥当性

　調査における妥当性は、いかに調査結果がリアリティに即しているかを問題とする。妥当性を高めるために、次のような方法が有効である。複数の資料を用いること、関係者にデータとそれに対する自分の解釈を見せ、それが妥当かどうかを尋ねること、第三者にデータとそれに対する解釈を見せ、意見を求めること、自分の考えや世界観を明確に示すこと、である。

▶ 信頼性

　調査における信頼性は、調査結果がどの程度再現されうるかを問題とする。つまり、誰が、いつ、誰に対して同じ調査を行ったとしても、同じ結果がもたらされるかを問う。個人の経験や意識に関心を向ける質的研究は、同じ結果が得られるかどうかには意味を見出さない。むしろ、調査者が導き出した解釈がデータと照らして一貫性があるかどうかを問うことによって、調査の質を高めようとする。
　そのために、調査者の立場を明確にすること、どのようにして結論に達したかという解釈の過程を読者に示すこと、複数の資料などを使って、多角的に解釈を行うこと等が有効である。

▶▶ キーワード一覧

❶
沈黙期間　　取り出し指導　　「日本語指導が必要な児童生徒」　　母語

❷
生活言語能力と学習言語能力　　JSL（第二言語としての日本語）
初期指導と適応指導　　二言語相互依存の仮説

❸
ことばの力　　JSLバンドスケール　　内容重視の日本語教育
第二言語能力の特徴

❹
海外で学ぶ日本人の子どもたち　　海外の日本語学習者
「帰国子女」と「帰国児童生徒」

❺
多言語・多文化主義と複言語・複文化主義　　国際結婚と国際離婚
アイデンティティ

❻
言語接触　　日本語学習とアニメ・マンガ　　日本の中の諸言語
文化相対主義と文化本質主義

❼
バイリンガル　　言語ポートレート　　第二言語習得へ影響するさまざまな要因
加算的バイリンガリズムと減算的バイリンガリズム

❽
意味のあるやりとり　　イマージョンとサブマージョン　　学習と社会文化的アプローチ

❾
言語能力意識　　母語・母文化の保持・育成　　子どもたちと「文化」の関係

❿ 個別化・文脈化・統合化　　発達の最近接領域　　スキャフォールディング

⓫ リライト教材　　JSLカリキュラム　　適応過程と言語活動デザイン

⓬ ことばの学びとキャリア支援　　子どもの時間軸・空間軸・言語軸　　言語活動

⓭ ライフストーリーとライフヒストリー　　ベトナム難民　　母語教室

⓮ ライフコース　　アイデンティティ・クライシス　　一次的ことばと二次的ことば

⓯ 無国籍者　　リテラシー　　インターナショナル・スクール

⓰ 構造化インタビュー　　非構造化インタビュー　　半構造化インタビュー　　インタビューの倫理

⓱ データ分析とコーディング　　引用　　厚い記述

⓲ 一般化可能性　　妥当性　　信頼性

▶▶ もっと勉強したい人への読書案内

1．子どもの言語習得
　子どもの成長とことばの習得がどのような関係になっているのかについて総合的に理解したい人にお勧めの本です。子どもの発達心理学の古典。
　　岡本夏木（1982）『子どもとことば』岩波書店．
　　岡本夏木（1985）『ことばと発達』岩波書店．

2．第二言語習得と教育
　子どもが第二言語を学んでいくとはどのようなことか、またそのための教育をどう考えたらよいのかを知りたい人にお勧めの本です。
　　ベーカー，C．（1996）『バイリンガル教育と第二言語習得』大修館書店．

3．子どもへの日本語教育実践
　第二言語として日本語を学んでいる子どもへの日本語教育の実践例や、日本国外で日本語を学んでいる子どもへの日本語教育の実践例を知りたい人にお勧めの本です。
　　川上郁雄（編）（2006）『「移動する子どもたち」と日本語教育——日本語を母語としない子どもへのことばの教育を考える』明石書店．
　　川上郁雄（編）（2009）『「移動する子どもたち」の考える力とリテラシー——主体性の年少者日本語教育学』明石書店．
　　川上郁雄（編）（2009）『海の向こうの「移動する子どもたち」と日本語教育——動態性の年少者日本語教育学』明石書店．

4．子どものことばの学びを支えるために
　日本の学校に編入学してくる子どもたちが楽しく学べるヒントや教育的支援について考えたい人にお勧めの本です。
　　池上摩希子・大蔵守久（2001）『子どもといっしょに！　日本語授業おもしろネタ集』凡人社．
　　池上摩希子・尾関史・谷啓子・矢崎満夫（2009）『こども　にほんご宝島』アスク出版．
　　齋藤ひろみ・今井悌・内田紀子・花島健司（2011）『外国人児童生徒のための支援ガイドブック——子どもたちのライフコースによりそって』凡人社．

5．教科学習支援を考える
　学校で学ぶJSLの子どもたちへの教科学習支援を考えたい人へお勧めの本です。
　　佐藤郡衛・高木光太郎・齋藤ひろみ（2005）『小学校JSLカリキュラム「解説」』（外国人児童の「教科と日本語」シリーズ）スリーエーネットワーク．
　　齋藤ひろみ・佐藤郡衛（編）（2009）『文化間移動をする子どもたちの学び——教育コミュニティ

の創造に向けて』ひつじ書房.

光元聰江・岡本淑明（編）(2012)『外国人・特別支援児童・生徒を教えるためのリライト教材　改訂版』ふくろう出版.

6．成長とアイデンティティ

　幼少期より複数言語環境で成長した子どもが成長し大人になり、自分のアイデンティティや自分らしい生き方をどのように見つけていくのかを考えるときに参考になるお勧めの本です。

川上郁雄（編）(2010)『私も「移動する子ども」だった——異なる言語の間で育った子どもたちのライフストリーリー』くろしお出版.

川上郁雄（編）(2013)『「移動する子ども」という記憶と力——ことばとアイデンティティ』くろしお出版.

7．世界各地の子どもたちの言語教育

　幼少期より複数言語環境で成長する子どもの教育的課題はグローバル・イシューです。世界各地の子どもたちの実態や教育の取り組みを知りたい人へのお勧めの本です。

カミンズ, J. & ダネシ, M.（2005）『カナダの継承語教育——多文化・多言語主義をめざして』明石書店.

川上郁雄（2012）『移民の子どもたちの言語教育——オーストラリアの英語学校で学ぶ子どもたち』オセアニア出版社.

佐藤郡衛・片岡裕子（編）(2008)『アメリカで育つ日本の子どもたち——バイリンガルの光と影』明石書店.

バトラー後藤裕子（2003）『多言語社会の言語文化教育——英語を第二言語とする子どもへのアメリカ人教師たちの取り組み』くろしお出版.

ポロック, D. C. & リーケン, R. E. V.（2010）『サードカルチャーキッズ——多文化の間で生きる子どもたち』スリーエーネットワーク.

8．子どもへの第二言語教育の理論と実践

　幼少期より複数言語環境で成長する子どもへの言語教育を総合的に考察した本です。理論と実践をさらに深く学びたい人にお勧めの本です。

川上郁雄（2011）『「移動する子どもたち」のことばの教育学』くろしお出版.

川上郁雄・石井恵理子・池上摩希子・齋藤ひろみ・野山広（編）(2009)『「移動する子どもたち」のことばの教育を創造する——ESL教育とJSL教育の共振』ココ出版.

細川英雄・西山教行（編）(2010)『複言語・複文化主義とは何か——ヨーロッパの理念・状況から日本における受容・文脈化へ』くろしお出版.

9．学びの理論と実践

　近年、「学び」と実践の捉え直しが盛んに行われています。言語学習だけではなく、学習につ

いて広く学びたい人にお勧めの本です。

  石黒広昭（編）(2004)『社会文化的アプローチの実際——学習活動の理解と変革のエスノグラフィー』北大路書房.
  ヴィゴツキー, L. C. (2001)『思考と言語』(新訳版) 新読書社.
  レイブ, J., & ウェンガー, E. (1993)『状況に埋め込まれた学習——正統的周辺参加』産業図書.
  ワーチ, J. V. (2004)『心の声——媒介された行為への社会文化的アプローチ』福村出版.

10. 調査とアカデミック・リテラシー

 本テキストで紹介されているライフストーリー・インタビューについてもっと学びたい人、さらに、研究調査したことをどう書くかを考えたい人にお勧めの入門書です。

  桜井厚 (2012)『ライフストーリー論』弘文堂.
  桜井厚・小林多寿子 (2005)『ライフストーリー・インタビュー——質的研究入門』せりか書房.
  佐渡島紗織・吉野亜矢子 (2008)『これから研究を書くひとのためのガイドブック——ライティングの挑戦15週間』ひつじ書房.

11. その他（本テキスト作成で参考にした本・論文）

  川上郁雄 (2001)『越境する家族——在日ベトナム系住民の生活世界』明石書店.
  ギアーツ, C. (1987)『文化の解釈学 I』（吉田禎吾・中牧弘允・柳川啓一・板橋作美訳）岩波書店.
  佐々木倫子・細川英雄・砂川裕一・川上郁雄・門倉正美・牲川波都季（編）(2007)『変貌する言語教育——多言語・多文化社会のリテラシーズとは何か』くろしお出版.
  陳天璽 (2005)『無国籍』新潮社.
  浜田麻里・林さと子・福永由佳・文野峯子・宮崎妙子 (2006)「日本語学習者と学習環境の相互作用をめぐって」国立国語研究所編 (2006)『日本語教育の新たな文脈——学習環境、接触場面、コミュニケーションの多様性』アルク, 67-102.
  姫田麻利子 (2012)「複言語・複文化経験とアイデンティティ」『語学教育研究論叢』29, 243-264.
  ホール, S. (1996)「あるディアスポラ的知識人の形成」（小笠原博毅訳）『思想』859, 岩波書店.
  Busch, B. 2012. The Linguistic Repertoire Revisited, *Applied Linguistics*, 33/5, 503-523, Oxford University Press.
  Cummins, J. & Swain, M. 1986. *Bilingualism in Education.* New York: Addison Wesley Longman Limited.
  Gibbons, P. 2002. *Scaffolding Language, Scaffolding Learning: Teaching Second Language Learners in the Mainstream Classroom.* Portsmouth: NH, Heinemann.
  Skutnabb=Kangas, T. 1981. *Bilingualism or Not: The Education of Minorities.* Clevedon: Multilingual Matters.

本テキストの授業デザイン
―授業を準備する前にお読みください―

　本テキストは三つのステージ構成になっています。第1ステージより第3ステージまで、徐々に授業のテーマが深まり、かつ受講生のアカデミック・リテラシーが高まるようにデザインされています。次のページから、本テキストの特徴、各回のねらいや概要、そして授業デザインの留意点を解説します。

はじめに

　本テキストは、一回につき90分の授業で行うことを想定しています。しかし、受講生の背景や教室の人数によって、授業担当者が必要な時間と問題数をアレンジすることができます。また、全18回の授業案をすべて実施するのもよいでしょうし、コースの目的や長さに応じていくつか選んでコースをデザインすることもできます。

　各回の最後に掲載しているキーワードは、第二言語習得と年少者日本語教育、ことばの学びや子どもの成長、さらにそれらの子どもたちの生を考える実践者としてのアカデミック・リテラシー等に関する基礎的な用語を解説しています。これらのキーワードは、受講生が各回の内容をさらに深く考えたり、理解したりするときの、足がかりとしてご利用ください。つまり、これらのキーワードは、授業担当者が受講生に必ず解説しなければならないものではなく、受講生が自由に読み、クラスディスカッションでさらに深く考えたりするための資料です。

　本テキストを使用した授業では、受講生が「到達目標」（→p.4参照）の観点を持ち続ける準備ができた段階を、評価基準にしたいと考えます。本テキストには模範解答はありません。大学や養成講座で使用した際は、受講生が授業での話し合いに積極的に関わっていること、以下に提示するレポート例に自身のテーマを持って取り組んでいること、などの観点から、授業全体の評価を行ってください。

　本テキストには子どものエピソードが多数紹介されていますが、それらは編者たちが架空の話として創作したものです。ただし、そのもととなったのは、編者たちがこれまで行ってきた実践や研究調査等で出会った多くの子どもたちや家族のケーススタディです。したがって、名前はすべて仮名ですが、エピソードは多くの事例をもとに作成していますので、現実の課題等が反映されているとご理解ください。また、本テキストの後半に紹介されているライフストーリーは、書籍で紹介したものをリライトして作成しています。

第1ステージ

【第1ステージのねらい】

　第1ステージでは、複数言語環境で育つ子どもの現状と課題について理解することを目的としています。子どもが複数言語環境で生きる現実やその時代的な背景を理解し、子どもが直面する課題について、ことばの学びに注目しながら、学んでいきます。

【第1ステージを展開するための視点】

1. まず始めに、現代社会が「移動する時代」であることに注目します。
2. 次に、子どもたちが移動している現実、日本国内外の多様なケースを理解します。
3. そして、その子どもたちが直面する課題について理解を深めます。
4. その課題は、ことばの課題、学習や生活、親子関係、アイデンティティなど多岐にあることを考えます。
5. さらに、その課題には、私たちのことばの力やことばの学びなどに関する見方、捉え方が深く関わっていることを考えます。

　このような学習活動を通じて、受講生は複数言語環境で日本語を学ぶ「移動する子ども」の視点でこれらの課題を考えることができるようになります。そのことによって、子どもたちを日本社会に同化させようとしたり、日本にある日本語が正しい日本語であり、それに従うことを期待したりする見方を相対化する視点を構築することができます。

【レポート例】

　第1ステージでは、次のようなレポート課題が考えられます。字数は1200字から1500字程度。

I. 幼少期から複数言語環境で成長する子どものことばの学びについて、①これまでの授業であなたが最も関心を持った点は何か、また②その理由は何か、そして③その点についてあなたの意見を具体的に述べなさい。

この授業の受講生は、それぞれさまざまな経験を持っていることが予想されます。第1ステージの授業で取り上げるさまざまな課題についても、一人ひとりの印象や感想も異なるでしょう。大切なのは、さまざまな課題と自分との関係です。これらの課題をまず自分の課題として、捉えることが大切です。上記のレポート課題は、受講生一人ひとりをこの授業に積極的に参加させるための一つの例です。

第1回

【ねらい】
　本書のテーマである「移動する時代」、そしてその時代を生きる「移動する子ども」をイメージすることと、なぜこのような現象が生まれているのかという時代性を理解すること、そして、その時代を子どもがどのように生きようとしているのかを理解することがねらいです。

【授業の工夫・留意点】
1▶▶　最初に、ドイツの学校の写真をじっくり見ましょう。さまざまな両親がいます。中には国際結婚しているケースもあります。そして、その親たちが世界中を移動しているのを理解することが大切です。そのうえで親たちの移動の背景に、グローバリゼーションと移民の時代という世界に共通する社会的状況があることを理解することが大切です。
2▶▶　マリアのケース①では、親が移動することに伴い、子どもが「移動せざるをえない」状況に置かれ、ことばの学びや学びの環境が変化していくことを、まず理解することが肝要です。
　また、そのような子どもを受け持つことになった担任の先生の気持ちも理解しましょう。しかし、通訳がつけばすべてが解決するわけでもありません。重要なのは、担任やクラスメイトがマリアをどのように受け入れたらよいのかを考えることです。初めて日本語を学ぶ初期段階の子どもに何が必要かについて、受講生の意見を引き出し、クラスで話し合いましょう。受講生の過去に経験した身近な例や意見をもとに、問題の理解を深めていくことが、それ以後の授業にもよい流れを作ることになるでしょう。

第2回

【ねらい】
　具体的なマリアのケースを例に、日本の学校に通う、このような子どもが、学校でどのような課題に直面するのかを引き続き考えることをねらいとしています。特に、日本語学習の初期段階を経て、日常的なやりとりができるようになったと思われる子どもが、学習場面ではなかなか理解が進まないのは、なぜなのか、またそのためにことばの支援をどのように考えたらよいのかを考えることがポイントになります。

【授業の工夫・留意点】
1▶▶　まず、日本語をペラペラ話すのに教科学習の内容が理解できないのはなぜかについて、受講生に意見を書くように指示し、その後、近くの受講生同士で意見交流をするようにします。できるだけ、受講生に考えさせることが大切です。キーワードにある「生活言語能力」と「学習言語能力」の違いを考えることがヒントとなるでしょう。
　学習場面で出てくる漢字は、そのことを理解するよい例です。その具体例が問2です。たとえば自分の名前に漢字のある人は、その中で最も画数の多い字の画数を数えると、15画とか20画とか出てきます。受講生がその画数と同じ画数の記号を作り、クラスメイトに覚えさせたり、覚え方を説明したりすることで、非漢字圏から来たマリアが漢字を習得するときに感じる戸惑いや困難さを理解します。また、新しい漢字を作るような遊び感覚で楽しく取り組みながら、同時に、まったく馴染みのない文字を習得するのがどれほど難しいかを、受講生は理解することになるでしょう。

《漢字と同じ画数の記号例》

5画の場合　　　8画の場合

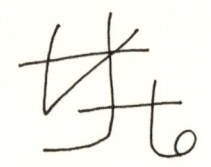

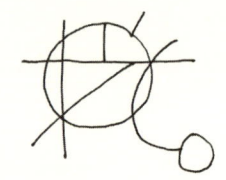

2▸▸ さらに、小学校の算数の問題を実際に解くことによって、小学校時代の教科学習を思い出すことも大切です。そのうえで、日本語を学んでいる子どもの場合、文章問題を解くときに、どのような点が難しくなるのかを、子どもの目線で受講生に考えさせることがねらいです。

　問6は、よく聞かれることですが、必ずしも正しい指導とはいえません。キーワードにある「二言語相互依存の仮説」は、子どもの第一言語能力と第二言語能力が相互に依存しているという仮説です。この考えに立つと、第一言語を使わないことは、第二言語習得に必ずしも役立たないということになります。また、マリアのケースでは家庭で第一言語を使うことは母親とのコミュニケーションを維持し、親子の結びつきを強くすることにつながりますので、家庭で第一言語を使用することは大切です。

第3回

【ねらい】

　第二言語として日本語を学ぶ子どもにとって、どのような日本語の力が必要なのでしょうか。

　この回は、そもそも、ことばの力とは何かを考えることをねらいとしています。このことを考えるためには、私たちが日常的にどのようにことばを使用しているかを理解することが大切です。また、マリアのケース③を通じて、第二言語として日本語を学ぶJSL生徒が直面する課題や葛藤を理解することもねらいとしています。

【授業の工夫・留意点】

1▸▸ ここでは、ことばの力とは何かを考えるために、「子犬、あげます」と「うさぎ係の仕事」（このタイトルは例であって、どのようなタイトルでも可能です）を例に考えます。受講生に空欄に入る文を実際に作らせます。そのうえで、文のタイトルを書かせ、その後、なぜそのようなタイトルにしたのかを尋ねます。あるいは、二つの文の形の違いを考えさせるのもよいでしょう。「子犬、あげます」は不特定多数の人に呼び掛ける文で、話しことば的な書きことばが特徴です。「うさぎ係の仕事」は仕事の内容がわかりやすいように箇条書きになっている点が特徴です。手順を示すような文、たとえばレシピなども、同じような特徴を持っています。

　このような例から、私たちは話題、対人的関係、伝達様式を考えながらことばを選んで使用していることを理解することができるでしょう。ことばの力とは文字や語彙などの言語知識だけではなく、場面や相手を考えてことばを使用する力であることを理解することがねらいです。

2▸▸ マリアのケース③から、思春期の子どもにどのようなアドバイスや支援をすることが必要かを考えます。これは正解があるわけではありませんので、できるだけ、受講生の意見を引き出すことが大切です。

　また、問8は、子どものアイデンティティの課題です。これも、指導方法をめぐり、受講生の意見を引き出し、クラスで議論をすることが大切です。

第4回

【ねらい】

　世界各地で、日本語を学ぶ子どもたちが増加しており、その子どもたちについて理解を深めることをねらいとしています。特に、日本人の親を持つ子どもを例に、現地で生活する子ども、その後、日本に帰国する子どもなど、日本国外で成長する子どもの直面する課題について考えます。

【授業の工夫・留意点】

1▸▸ 「ポートランド日本人学校応援歌」を例に、受講生にこの歌を歌う子どもたちの気持ちを想像させましょう。

問3は、1は「最小公倍数」、2は6 multiplied by 4の省略形で「6×4」と訳すことができます。このように、英語を第二言語として学ぶ生徒にとって、辞書からだけではわからない数学特有の語句の意味を理解しなければならない負担があることを理解しましょう。

また、問4は、英語を第二言語として学ぶ子どもに数学を教える教師が知るべきことは何かを例に、子どもたちが第二言語で教科学習をするときにどのような課題に直面するのかを理解しましょう。

2▶ さらに、ケンのケース①では、現地校に通いつつ、土曜日に補習校へ通う子どもの実態を考えることをねらいとしています。補習校では日本の子どもと同じ文部科学省の検定教科書を使用している場合がほとんどですが、学年が進むにつれ、教科書の漢字が多くなり、読むのが難しくなり、かつ、学習内容自体が難しくなります。また補習校のある土曜日にはスポーツやパーティーなど、思春期の子どもにとって補習校より魅力的なイベントがよく行われるため、高学年の子どもたちは補習校へ行くことをいやがる場合もあります。

ケンのケース②では、ことばの問題に注目しましょう。このケースでは、父親の国へ帰ることになったため、家庭では父親の第一言語、英語、日本語という三つの言語が使用されることになります。ケンは徐々に日本語を使用する場面が少なくなり、得意な英語や父親の第一言語を使用することにも慣れていくでしょう。そうなると、母子のコミュニケーションがとりにくくなる場合があります。また、どの言語を使ってケンが生きていくのかを、ケンとともに親が考えていくことが大切になります。

幼少期、成長期に複数言語環境にいる子どもの場合、言語環境をどう維持するかを考えることは、とても重要です。学習で使用する言語が継続しない場合は、学力がつかなくなるケースもあり、考える力やコミュニケーション力の育成に支障が出る場合もあります。そのようなことばの学びの継続という課題を、受講生とともに考えたいものです。

第5回

【ねらい】

幼少期より複数言語環境で成長する子どもは、自分のことをどのように考えているかがこの回のテーマです。そのため、ここでは、ことばとアイデンティティについて考えることをねらいとしています。

また、複言語・複文化について理解を深めること、そして子どもの視点からアイデンティティ形成を理解することをねらいとします。

【授業の工夫・留意点】

1▶ ケンのケース③から、ことばを使用することとアイデンティティの関係を受講生が考えることが期待されます。

ただし、これは正解があるわけでもありません。子どもや家族の歴史や生活環境などの要因も影響するからです。重要なのは、子ども一人ひとりに寄り添いながら、その子どもにとってふさわしい生き方をともに考えていくことです。子どもの支援者にもその点が期待されます。

2▶ 自分の中にある複言語・複文化を文化資本として活用していくことをよしとする考え方が欧州で生まれています。その考え方の例が、華さんのスピーチです。複言語・複文化主義では、どの言語も完璧にこなせることを目標とするよりは、自分の中にある多様な力をトータルに捉え、かつその力を総合的に活用してコミュニケーションを行うことが提唱されています。

この考え方を理解することは、幼少期より複数言語環境で成長し悩みを抱えている人に何らかの示唆を与えることになるかもしれません。その点も含め、華さんのスピーチについて、クラスで意見交流をしたいものです。

第6回

【ねらい】

日本国外で日本語を学んでいる子どもたちは、さまざまな学習環境の中で、そしてさまざまな学

習動機によって日本語を学習しています。インターネットで閲覧できる日本のアニメやマンガもその一つです。複数の言語を混ぜて使用するのも、一つのコミュニケーションのスタイルです。また、幼少期に学べなかった日本語を成人してから学び直すケースもあります。それぞれの日本語、日本語学習があることを、実際に日本語を学ぶ子どもの視点から考えます。

【授業の工夫・留意点】

1▶▶ パリの「ジャパン・エキスポ」は、毎年、何万人もの若者がコスプレで参加する大イベントとして有名です。このように、はじめに日本国外の日本語学習者にとっては日本のアニメやマンガがとても人気であることを学びましょう。その一つの例が、ある国にいるYumiとその友だちの会話です。Yumiの国籍は不明ですが、日本に一時帰国する彼女は、友だちのあこがれの存在のようです。ただし、日本国外に住むYumiも日本語学習者の一人であるため、友だちの質問にはすぐに答えられない様子です。日本国外にいる子どもにとってアニメやマンガが日本語学習のリソースになるとはどういうことかを考えます。

2▶▶ 日本国外のインターナショナル・スクールで学んだかおりさんが「混ぜ語」を使うという例です。近年、日本の大学にも英語で授業が受けられるコースが増え、かおりさんのような学生が増えていますが、彼らの話を聞くと、「混ぜ語」が一番楽だといいます。この「混ぜ語」を一概に逸脱や日本語能力が低いからと決めつけることはできないでしょう。これも、一つのコミュニケーションのあり方の例です。

3▶▶ アメリカで成長した日系3世のジェームズさんの語りです。ここでも、日本国外で幼少期より複数言語環境で日本語を学ぶ子どもの実例が示されます。彼が考える日本語と、受講生が感じる日本語には差があるかもしれません。その差は、日本国内の日本語使用の流れと日本国外で学ぶ日本語使用の実態との差かもしれませんし、時代の変化かもしれません。これを例に、ことばの動態性や性差、方言を含む地域によることばの相違も、改めて振り返りましょう。

これらの例から、日本にいる日本人ネイティブの日本語の優位性や規範性だけで、子どもたちの日本語の学びを評価してよいのかということを考えます。受講生に、この例と同じような体験をした人がいれば、その人の意見を聞くのもよいでしょう。大切なのは、日本語を相対化する視点を学ぶことです。

第2ステージ

【第2ステージのねらい】

第2ステージでは、複数の言語や習慣、考え方などの中で育つ子どもたちのことばの力をどう育てていくかを考えるのがねらいです。具体的には、複数のことばの力はどのような要因に影響を受けながら習得されていくのか、ことばの学びを支えていくために、どのような教材や言語活動がデザインできるのかを考えていきます。

【第2ステージを展開するための視点】

1. まず、複数言語環境で成長する子どもはどのように言語や習慣を学ぶのかを想像します。
2. 次に、その過程に影響を与える社会的要因を考えます。
3. また子どもたちの心理面の様子とそれに影響を与える社会的環境を考えます。
4. そのうえで、日本語を学ぶ子どもたちに役立つ教材とは何かを考えます。
5. さらに、子どもが最もことばを学ぶ際の言語活動とは何かを追究します。

このような学習活動を通じて、受講生は、複数言語環境で育つ子どものことばの学びは個人的な営為ではなく、社会的なさまざまな影響を受けつつ、それに対応する子ども自身の心理的な動きもあって成立することを学びます。そうなると、ことばの学びも教育も、社会的な文脈の中で子どもが主体的に学んでいくのだという視点から捉え直されることになるでしょう。受講生自身の学習観、言語教育観が問い返される視点と

もいえるでしょう。

【レポート例】

第2ステージでは、次のようなレポート課題が考えられます。字数は1200字から1500字程度。

I. 複数言語環境で育つ子どもたちのことばの学びを支えていくうえで大切なことについて、①授業で扱った内容のうち、最も印象に残ったテーマは何か、②そのテーマについてどのような学習支援が展開できるのかについてあなたの意見を述べなさい。

第2ステージでは、第1ステージで学んだことをもとに、子どもたちのことばの学習を支える支援のあり方について、受講生一人ひとりに自らの経験や背景とも照らし合わせながら具体的に考えてもらうことがポイントとなります。自身の言語学習経験なども思い出させながら、学習支援を考えてみましょう。

第7回

【ねらい】

複数の言語や習慣、考え方の中で育つということは、いったいどのようなことなのかをイメージしていくきっかけを与えることを目指します。さらに、自分自身の中にある複数の言語や習慣、考え方などの存在に気づいてもらうこともねらいとしています。

【授業の工夫・留意点】

1▶▶ まず、問1では、「バイリンガル」ということばに対するイメージについて、自由に意見交換をします。これまで自分が持ってきた「バイリンガル」のイメージの他にも、「バイリンガル」の定義がさまざまに存在することを理解し、子どもたちの持つ複数の言語や習慣、考え方などを総体的に捉える視点を育んでいきます。

問2では、言語ポートレートを導入します。言語ポートレートは、欧州の複言語・複文化主義を背景にして生まれた方法論です。その考え方の基本は、外国語学習の目的を、その言語を話すネイティブを目標にしないこと、「聞く、話す、読む、書く」の4技能のうち一つだけの能力も認めるといった「機能的部分能力」を承認すること、それゆえに、人間の言語能力は多様な言語的資源の綜合的な複合体であると捉えることです。したがって、言語ポートレートを使った実践は、ネイティブと言語学習者を分けて両者を優劣関係で捉えるのではなく、一人ひとりの言語的多様性を認めるとともに、その多様性に向き合う自己を育成することを目的としています。その意味で、アイデンティティ形成にも役立つ方法論といえます。問2では人形を例にしていますが、身体の部分で表すことにこだわらず、家、船、車などになぞらえて、受講生が自由に発想して自分の言語ポートレートを作成することも促しましょう。そのようにできあがった言語ポートレートをもとに受講生同士が意見交流することによって、自己理解と他者理解が進むでしょう。何より、複言語で育つ子どもたちを理解することにもつながるでしょう。さらに、受講生も言語ポートレートに現れた多様な言語的資源を利用して日々コミュニケーションしていることを理解させることも重要です。

2▶▶ 問3は、子どもたちの言語習得に影響を与える要因を考えてみる活動です。これまでの自分自身の外国語習得の経験なども思い出しながら、言語習得を左右する要因を考えていきましょう。なお、ここで出た要因をもとに、第8回、第9回の内容へとつなげていきますので、できるだけたくさんの要因が出るように促しましょう。

問4は、問1～3の活動を振り返る中で、自分自身の中にある複数の言語や習慣、考え方などの存在に気づかせる活動です。単に、「外国語」だけでなく、方言やアルバイト先で使用することば、特定のグループの中で使用することばなど、自らも複数の言語や習慣、考え方などの中で生きているのだということを受講生に意識させることで、子どもたちの問題をより身近な問題として、また自分自身にもつながる問題として、捉えてもらうことを目的としています。

第8回

【ねらい】
　子どもたちのことばの習得を左右する要因のうち、子どもたちを取り巻く友人や家族、学校、社会といった社会文化的な要因について理解していくことをねらいとしています。子どもの周囲にある「人」「モノ」「環境」がそれぞれ言語習得にどのような影響を及ぼしているのかを考えていきます。

【授業の工夫・留意点】
1▶▶ ヒチョルさんとペテロさんのエピソードを読み、二人が複数のことばをどのような場面でどのような相手に、どのような目的で使っているのかをイメージしていきます。問2では、より具体的に、「人」「モノ」「環境」がそれぞれどのような形で言語習得に影響しているのかを考えさせます。具体的なケースを通して、子どもたちが複数の言語をどのように使っているのかをイメージさせることで、言語習得につながるやりとりとはどのようなやりとりなのかを考えていきます。

2▶▶ 自分自身の言語使用の実態を、図に表す中で考えていきます。図の中に、自分がやりとりをする「相手（人・モノ）」をやりとりの頻度によってプロットしていき、矢印で結んでいきます。なお、やりとりの重要性（言語習得への結びつきの度合い）によって矢印の太さを変えたり、言語によって矢印の色を変えたりすると、より図が見やすくなるでしょう。図が完成したら、小さなグループになり、周囲の人と関係図を見せ合い、どのようなやりとりが自分の言語習得に結びついているのかを考えさせます。そのうえで、子どもたちのことばの学びを支えていくために、社会文化的な要因をどのように活用していけるのかを考えていきましょう。

《【エピソード7】ヒチョルさんの言語使用実態の作図例》

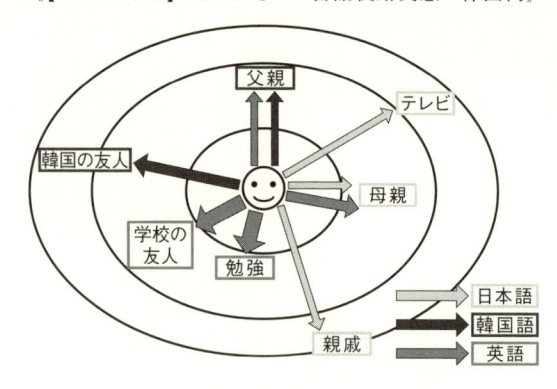

第9回

【ねらい】
　子どもたちのことばの習得を左右する要因のうち、子ども自身の意識や態度、心理状態といった個人的な要因について理解していくことをねらいとしています。複数の言語に対する子ども自身の気持ちが言語習得にどのような影響を及ぼすのかを考えていきます。

【授業の工夫・留意点】
1▶▶ エレナさん、オームさんのケースを通して、複数の言語に対する意識とそれらの意識がどのように形成されているのかを考えていきます。言語に対する意識は、子ども自身の気持ちだけでなく、周囲からのことばの見方やことばの力に対する評価によっても大きな影響を受けていること、また、周囲にどのように見られるか、あるいは、見られたいかということがことばの習得に大きな影響を及ぼしていることが二人のケースからわかります。

2▶▶ 自分自身のことばに対する意識について振り返るとともに、ことばに対する意識と言語学習の結びつきについて、さらに深く考えていきます。そして、それらを言語教育の中でどのように扱っていけるのかについて意見交換をします。

第10回

【ねらい】
　子どもたちのことばの学びを支える教材とは、どのようなものなのかを考えていくことをねらいとしています。ここでは、「漢字の学習」を例に取り上げ、考えていきます。

【授業の工夫・留意点】
1▶▶ 具体的な子どもを対象として、漢字を教える場面をイメージし、どのような難しさがあるのか、自由に意見を出させます。その際、出てきた「難しさ」が日本語を母語とする子どもにとっても難しいものなのか、あるいは、複数の言語を学ぶ子どもならではの難しさなのか、さらには、複数の言語を学んでいることで、かえって理解が容易になる部分はないかなどを考えていくと、より充実した議論になるでしょう。問2では、それらの難しさを踏まえたうえで、どんな言語活動がデザインできるのかを考えていきます。問1で難しさが具体的に挙がっている方が、問2が考えやすくなるでしょう。

2▶▶ 実際に漢字教材を準備し、日本人の小学生向けの漢字教材と、日本語を学ぶ子ども向けの教材とを比較してみましょう。それぞれ異なっている点、工夫がされている点について整理していく中で、非漢字圏から来た子どもたちに漢字を教える際の留意点やヒントが得られるようにしましょう。具体的には、紙面のレイアウトやイラストの特徴、漢字の提示の仕方、提示されている情報の種類や量、練習の仕方などに注目すると、さまざまな違いが見えてくるでしょう。一方で、この活動は、どちらがよい・悪いという議論に終始するのではなく、それぞれの教材や活動がどのような目的でつくられているのかを理解していく視点が重要です。

第11回

【ねらい】
　子どもたちのことばの学びを支える教材とは、どのようなものなのかを考えていくことをねらいとしています。ここでは、日本人の子ども向けの教科書や教材と、日本語を学ぶ子ども向けの教材とを比較・分析する中で考えていきます。

【授業の工夫・留意点】
1▶▶ 国語の教科書にある文章を使って、どのような部分が子どもたちにとって難しく感じるのか、またそれをリライトしていく際に、どのような部分をどのように変えていくことで子どもたちにとってわかりやすくなるのかを考えていきましょう。さらには、リライト教材を使った発展活動を考える中で、単なる内容理解に留まらない、創造的な言語活動をデザインする視点を育んでいけるとよいでしょう。

2▶▶ 実際に出版されている日本語を学ぶ子ども向けの教材を取り上げ、比較する中で、それぞれの教材の目的や特徴を理解していくことをねらいとしています。ですので、できるだけ異なる特徴を持ったさまざまな教材を持ち寄るとよいでしょう。なお、いずれの場合も、教材をそのまま、まるごと使うのではなく、目の前の子どもの様子に合わせて教材から活動を選び、場合によっては、内容をアレンジして使っていくのが重要であることを理解させましょう。そして、そのような力こそが、子どもたちに関わる支援者にとって必要な技量であることを伝えましょう。

第12回

【ねらい】
　子どもたちのことばの学びを支える言語活動とは、どのようなものなのかを考え、デザインしていくことをねらいとしています。実際に、言語活動をデザインするプロセスを通して、子どもたちのことばの力をどう捉え、どのような目標設定をし、それに基づいてどのような活動を創っていくのかをイメージできるようになることを目指します。

【授業の工夫・留意点】
1▶▶ チンさんのケースを通して、「①必要なこと

ばの力を捉える→②言語活動をデザインする→③活動がことばの力を伸ばすものになっていたのかを振り返る→再び、①言語活動をデザインする・・・①→②→③を繰り返す」という一連の言語活動デザインの流れを示します。いきなり言語活動をデザインするのではなく、まずは、その子どもにどのようなことばの力が必要なのかを、さまざまな場面での子どもの様子や子どもとのやりとりを通して、多角的に考えていくことが重要であることを伝えます。今回の活動では、実際の子どもとのやりとりはできませんが、周囲の人と意見交換をする中で、子どものことばの力をさまざまな角度から捉えていく機会とするとよいでしょう。

2▶▶「わたしの町」という社会科教育の単元にもなっているトピックについて、言語活動を考えます。「わたしの町」というテーマは、身近でわかりやすく、かつさまざまな社会的な視点から考えなければならないテーマです。したがって、そのテーマをめぐる言語活動には、日本語を使った深いやりとりが必然的に含まれるでしょう。既存の教材にある活動を参考にしてもよいですが、そこに、日本語能力を意識した視点をいかに加えていけるかがポイントになるでしょう。

最後に、第10、11、12回の活動を通して、子どもたちのことばの学びを支えていくためにどのような教材や言語活動が有効かについて、意見交換をしましょう。

第3ステージ

【第3ステージのねらい】

第3ステージでは、これまでに学んだことを総動員しながら、考察を深めていきます。そして、複数言語環境で育つ子どものことばの学びについての「研究」に発展させていきます。つまり、自分の興味のあるテーマについて、調査し、結果を分析し、考察する過程を体験します。特に、複数言語環境で育ってきた人のライフストーリー（→p.69参照）に焦点を当てます。

【第3ステージを展開するための視点】

1. まず、複数言語環境で育った人のライフストーリーを読み、解釈します。
2. 次に、ライフストーリーからインタビューの仕方について学びます。
3. そのうえで、複数言語環境で成長したゲスト・スピーカーに、インタビューをします。
4. そして、聴き取った話をまとめ、その内容をクラスで解釈します。
5. 最後に、このコースで学んだことを振り返り、今後どう活かすかを考えます。

このような学習活動を通じて、受講生は幼少期より複数の言語に触れながら成長する人のことばの学びと生活、そして人生を考えることになります。同時に、そのテーマを深く考え、記述するというアカデミック・リテラシーを身につける機会にもなります。そして、人間理解を深め、21世紀に生きる人々のあり様とその捉え方を学ぶことになるでしょう。このコース全体を通じて、受講生自身が自らのこれからの人生を考えるような視点が大切です。

【レポート例】

第3ステージでは、次のようなレポート課題が考えられます。字数は2000字から2500字程度。

I. 第17回で聴いたゲストのライフストーリーをまとめる。ゲストの語りをあなた自身の解釈と織り交ぜながら記述したうえで、ライフストーリーから浮かび上がるテーマについて、考察する。
II. これまでの授業で学んだすべての内容を踏まえて、次の二つの問いに答える。
問1. 複言語で育つ子どもたちがことばを学び、自分らしく生きていくことを支える社会とはどのような社会か。
問2. 複言語で育つ子どもたちのために、あなた自身にできること、今後していきたいことは何か。

第3ステージは、これまで学んできた複言語

で育つ子どもたちの課題を踏まえ、彼らのライフ（生活、人生、生き方）をどう捉え、どう理解し、ともに生きる社会をどう築いていくのかがテーマです。あわせて、人のライフについて考察し自分の考えを記述するというアカデミック・リテラシーを育成することもねらいです。

第13回

【ねらい】

ベトナム難民を両親にもち日本で生まれ育ったNAMさんのライフストーリーから、NAMさんのことばやアイデンティティに対する思いとその変化、NAMさんへの周囲のまなざし、複数言語環境で育つことと生き方との関係等について、考察を深めます。

【授業の工夫と留意点】

1▶▶ NAMさんのライフストーリーを受講生に読ませます。授業中に15分程度時間を取って黙読してもよいですし、事前に家で読むように指示してもよいでしょう。その際、印象に残った部分に線を引いたり、考えた内容を余白にメモしたりしながら読むように促します。

2▶▶ ライフストーリーを読んだうえで、問1～4について、グループで話し合いましょう。問いに答える際は、ライフストーリーのどの部分の、どのエピソードやことばからそのように考えたかを、具体的に話すようにします。解釈が異なっている場合は、なぜ異なっているのか、話し合って考えます。話し合った内容を、グループごとに発表し合います。

問1では、各発達段階でNAMさんが直面した課題を考えることで、NAMさんのライフストーリー全体像を捉えることをねらいとします。同時に、第1ステージ、第2ステージで学んできた、言語とアイデンティティとの関係、他者との関係、進路選択など、さまざまな課題が、成長の過程で浮かび上がることを理解しましょう。

問2では、周囲の人々のまなざしが、NAMさんの言語に対する意識やアイデンティティと、どのように関係しているかを考えます。家族、教師、友人、母語教室、ラップを聴く人、ベトナムの人々など、さまざまな人々がNAMさんに向けるまなざしと、それに対するNAMさんの捉え方を話し合えるように促しましょう。

問3では、NAMさんにとってのラップの意味や影響を考えます。ラップとの出会いをきっかけとした、言語、アイデンティティ、進路、家族、勉強などに対するNAMさんの意識の変化や、周囲の人々との関わり方の変化などを丁寧に読み取りながら話し合いましょう。

問4では、NAMさんという一人のケースから、複言語で成長する子どもに関わる大人が学べる点は何かを話し合います。学校の担任教師、日本語や母語教室の教師、家族、友人など、さまざまな立場から考えてみましょう。

第14回

【ねらい】

カナダ人の父と日本人の母のもとカナダで生まれ、幼少期の一時期を日本で過ごしたマクマイケルさんのライフストーリーから、幼少期に言語間を移動する経験の、その後の人生への影響や意味を考えます。

【授業の工夫と留意点】

1▶▶ 受講生にマクマイケルさんのライフストーリーを読ませます。授業中に読む場合は、15分程度黙読する時間を取りましょう。ライフストーリーを読む際は、印象に残った部分に線を引いたり、考えた内容を余白にメモしたりしながら読むよう促します。

2▶▶ 問1では、ライフストーリー全体を大づかみにし、視覚化するために、「人生グラフ」を作成します。「人生グラフ」は、横軸が時間を、縦軸がその時期における経験の意味を表します。つまり、喜びや楽しさといったポジティブな経験は＋方向、苦労や辛さは－方向にグラフを描きます。＋、－の度合いが大きければ大きいほど、その人への影響や人生における意味づけは大

きいと考えられます。＋の度合いが大きい経験だけでなく、−の度合いが大きい経験も、その人の人生観や進路を変えるような、重要な意味を持っているかもしれません。各自でライフストーリーを読んだうえで、二人一組で相談しながら、グラフを作成するとよいでしょう。ライフストーリーで語られたエピソードが何歳の頃のことか、具体的ではない箇所があります。その部分は、おおよその時期でかまいません。

3▶▶ マクマイケルさんのライフストーリーと、作成した「人生グラフ」をもとに、問2～5について話し合います。解釈が異なっている場合は、なぜ異なっているのか、話し合って考えます。問いに答える際は、ライフストーリーのどの部分の、どのエピソードやことばからそのように考えたかを、具体的に話します。問2、問3では、言語、アイデンティティ、周囲の人々との関係、進路選択、仕事、子育てなど、多様な側面から考えてみましょう。問4では、複数言語環境で育つ経験が、マクマイケルさんの人生にとってどれほど大きな影響を与えているかを、具体的なエピソードを挙げながら考えます。問5では、マクマイケルさんが生き方を選択し、行動していくうえで支えとなった出来事や物事にはどのようなものがあったかを考えます。

第15回

【ねらい】
　自身が「無国籍者」として日本で生まれ育った陳さんのライフストーリーから、複言語で育つ子どものことばとアイデンティティについて、歴史的、法的、制度的文脈を踏まえて、理解を深めます。

【授業の工夫と留意点】
1▶▶ 受講生に陳さんのライフストーリーを読ませます。授業中に読む場合は15分程度時間を取ります。事前に読んでくるように指示してもよいでしょう。ライフストーリーを読む際は、印象に残った部分に線を引いたり、考えた内容を余白にメモしたりしながら読むよう促します。

2▶▶ 問1では、各自、ライフストーリーを読み、特に印象に残った箇所について、解釈を表に書き込みます。その際、次の問いを考えるとよいでしょう。

・どの部分が印象に残ったか？（具体的なエピソードをもとに考えることが大切です。）
・その部分から、「陳さんのことば、心、人間関係、アイデンティティ」についてどのようなことがわかるか？
・陳さんの事例から、複言語で育つ子どものことばやアイデンティティについて、どのようなテーマが浮かび上がるか？これまでの授業で学習した内容を踏まえて、テーマ（キーワード）を考えたうえで、そのテーマについてどのようなことがわかるか？

3▶▶ 問2では、3～4人グループを作り、印象に残った箇所を話し合います。その箇所から、陳さんのことばやアイデンティティについて、あるいは、複数言語環境で育つ子どもについて、どのようなことがわかるかを、議論します。

4▶▶ 複数言語環境で成長する子どものことば、アイデンティティ、生き方と国籍の関係を考えます。受講生自身にとっての国籍の意味を考えながら書かせるとよいでしょう。時間があれば、グループやクラスで話し合ってみましょう。

第16回

【ねらい】
　二つのライフストーリーを比較し、共通点と相違点を見出します。そこから、複数言語環境で育った人に共通するテーマを考えます。また、複言語で育った人のライフストーリーを聴くインタビューは、どのように行えばよいかを考え、インタビューの質問を考えます。

【授業の工夫】
1▶▶ 第11回～13回で示されたライフストーリーから授業で扱った二つを選び、比較します。授業で三つのライフストーリーを扱ったのであれ

ば、三つを比較してもよいでしょう。二つ（または三つ）のライフストーリーは、どのような点が共通していて、どのような点が異なっているかを、3～5人グループで話し合いながら、表に記入します。

2▶ ライフストーリーの聴き方について、考えます。ライフストーリーを語る方法は複数あります。本人が自伝を書く、他者に向かって語るなどです。ここでは、インタビューによってライフストーリーを語ってもらう方法を取り上げます。インタビューは、語り手の語りを引き出すために、聴き手が質問します。よい質問をすることで、語り手は自分のライフストーリーを自由に語ることができ、語り手自身も意識していなかった経験やその意味を引き出すこともできます。語り手が自身の人生を初めて振り返る場合や、順序立てて語るのが得意ではない場合に、よい聴き手によるインタビューは効果的です。

問3では、インタビューの留意点についてグループやクラスで話し合います。インタビューについてのイメージをつかむために、複言語で育った人へのインタビューのビデオなどがある場合は、視聴するとよいでしょう。あるいは、一般的なインタビューのビデオを視聴したうえで、複言語で育った人へのインタビューについて話し合ってもよいでしょう。たとえば、話題によっては、語り手のつらい経験や感情を思い出させてしまい、深く傷つけてしまうことがあります。インタビューでは、そのような語り手の気持ちを尊重することが何よりも大切です。

次に、問4について、グループで話し合います。可能であれば、実際に複言語で育った人を第17回の授業でクラスに招き、インタビューを行います。その場合は、第16回の授業で、ゲストの簡単なプロフィールを紹介すると、ゲストへの質問を考えやすくなります。受講生が複言語で育った知人に個別にインタビューをする場合には、その人の背景について知っていることをグループで共有したうえで、その人への質問を検討するとよいでしょう。質問を考える際には、まず、どんな話（テーマ）を聞いてみたいかを考えます。そのうえで、その話を聞くには、どのような質問をしたらよいかを考え、具体的な聴き方を考えます。

第17回

【ねらい】
ゲストを招き、ライフストーリーを語ってもらいます。ゲストに質問をし、ゲストが語るライフストーリーを、メモを取りながらよく聴きます。ライフストーリーを解釈し、文章にまとめるときの基本事項を理解します。

【授業の工夫と留意点】

1▶ 複言語で育った人をゲストとして教室に招き、ライフストーリーを語ってもらいます。ゲストは、大学生や大学院生、社会人など、成人した人の方がよいでしょう。自分のアイデンティティを模索している最中の子どもの場合は、アイデンティティや複言語で育つ経験の意味を語るのは難しいからです。ゲストは、授業担当者の知り合いでも、地域の日本語教室や国際交流協会などに紹介してもらった人でもよいでしょう。受講生の中に複言語で育った学生がいる場合には、その学生にライフストーリーを語ってもらうこともできます。

インタビューを始める前に、インタビューの倫理を確認します。たとえば、教室で語られた話は教室内での議論やレポート以外では公表しない、答えたくない質問には答えなくてよい等です。また、インタビューの内容を録音したい場合は、必ずインタビューを始める前にゲストに伝え、承諾を得ます。録音した場合、レポート作成が終了した時点でデータを削除する、受講生以外の他者に音声データを公開しないことなどを徹底します。

インタビューの最初は、「子どもの頃のことで、記憶に残っていることは何ですか？ それは何歳くらいのことですか？」や、「○○さんの子ども時代から今までのことをお話してください」のような質問を投げかけ、それをきっかけに、時系列にライフストーリーを語ってもらうと話しやすい

でしょう。一通り、ライフストーリーを語り終わった後で、前週に考えた個別の質問をします。インタビューでのやりとりを聴きながら、必ずメモを取ります。聴きながらメモを取り、次の質問を考える体験をします。

インタビューが終わったら、ゲストに挨拶をし、拍手で感謝の気持ちを伝えましょう。

2▶▶ 問3では、各自、自分のメモを読み返し、ゲストの話の中で印象に残ったことばやエピソードを振り返ります。そのことばやエピソードにはどのようなテーマや背景が関わっているかを考え、自分の解釈をメモします（→p.103「データ分析とコーディング」参照）。問4では、ライフストーリーをまとめる際にどのような要素が必要かを検討したうえで、学生の書いたレポート例をもとにどのような形式でまとめることが可能かを検討します。

3▶▶ 次回の授業では、ゲストのライフストーリーをどのように解釈したかを発表し合います。そのため、次回の授業までに、ゲストのライフストーリーをまとめたうえで、自分の解釈と考察を書いたものを持参するよう指示します。次回の授業での議論を踏まえて修正したものを、レポートとして提出させるとよいでしょう。

第18回

【ねらい】
　ゲストのライフストーリーについての〈意見交流会〉を行い、自分の解釈とほかの受講生の解釈の共通点、違いは何かを考えます。
　また、複言語で成長する子どもについての学びを受講生自身の今後の人生にどのように活かせるかを考え、話し合います。

【授業の工夫・留意点】
1▶▶〈意見交流会〉
グループ（4人か3人）に分かれて、ゲストのライフストーリーに対する解釈を発表します。全員の発表が終わった時点で、共通する点、異なった点を話し合います。グループごとに、話し合いの内容を発表します（グループの発表での共通点、相違点について等）。

2▶▶ 全体の振り返り
問2〈手順1〉例を参考に、《自分マップ》を各自が描きます。これは、マインドマップというブレインストーミング法を利用しています。頭の中の混沌としたイメージやアイディアを視覚化し、連想によってアイディアを広げていくことが目的です。そのため、手を止めて考え込んだり、内容を整理して描こうとしたりするのではなく、思いついたことばを書き、そこから連想をつなげていきます。5〜7分程度の短い時間で、手を止めずに描きます。

〈手順2〉《自分マップ》を見返し、複言語で育つ子どもたちと少しでも関係のある部分はどこかを考えます。複言語で育つ子どもたちとの関連を、《自分マップ》に描き足します。

〈手順3〉となりの人とペアで、自分マップを見せながら、自分と複言語で成長する子どもとの関わりを説明します。聴き手は、相手の話を批判したり否定したりすることなく、耳を傾けます。そして、語り手が気づいていない、複言語で育つ子どもとの関わりがあれば指摘します。

本テキストに関するご感想、ご意見、ご提案等は下記にお願いいたします。
　今後の改訂の際に、参考にさせていただきます。

　　　　くろしお出版　編集部気付
　　　　川上郁雄・尾関史・太田裕子
　　　　kodomo@9640.jp

あとがき

　本テキストをご利用いただき、ありがとうございました。いかがでしたでしょうか。

　文部科学省はJSL児童生徒の日本語指導を「特別の教育課程」と認定する新しい政策を2014年度から実施しています。これは、年少者のJSL教育の時代に本格的に入ったことを意味すると思います。本テキストを、その時代の教員養成や指導者研修に役立てていただければ幸いです。

　本テキストの原稿は、川上郁雄が第1回から第6回を、尾関史が第7回から第12回を、太田裕子が第13回から第18回を分担して執筆し、最後に川上が全体を監修しました。私たち3人は、本テキストのもととなる授業案をいくつかの授業で以前から試行的に実践してきました。それを束ねる形でテキストの試行版を作成し、それを2013年度に複数の大学等の授業で使用し、改良を重ねました。その際には、多くの方のフィードバックをいただきました。記して、お礼を申し上げます。

　また、本テキストの刊行に際しては、くろしお出版の池上達昭さん、原田麻美さんにお世話になりました。特に、原田さんには本テキストの企画段階から、編集、イラストの提案、印刷までご協力をいただきました。ありがとうございました。

　本テキストが、移動する時代の「移動する子ども」に関わるすべての実践者に役立つこと、そして新しい教育が生まれることを祈っております。

　　　　　　　　　　　　　　　　　　　　　　東日本大震災から3年半を迎えた仙台にて
　　　　　　　　　　　　　　　　　　　　　　　　　　　　　　　　　　　川上 郁雄

著者紹介

川上 郁雄（かわかみ いくお）

早稲田大学大学院日本語教育研究科　教授
博士（文学、大阪大学）

［主な編著書］

『「移動する子どもたち」のことばの教育学』（2011、くろしお出版）

『私も「移動する子ども」だった —— 異なる言語の間で育った子どもたちのライフストーリー』（編著、2010、くろしお出版）

『「移動する子ども」という記憶と力 —— ことばとアイデンティティ』（編著、2013、くろしお出版）

尾関 史（おぜき ふみ）

元・早稲田大学日本語教育研究センター　准教授
博士（日本語教育学、早稲田大学）

［主な著書・共著］

『子どもたちはいつ日本語を学ぶのか —— 複数言語環境を生きる子どもへの教育』（2013、ココ出版）

『こどもにほんご宝島』（共著、2009、アスク出版）

太田 裕子（おおた ゆうこ）

早稲田大学グローバルエデュケーションセンター　准教授
博士（日本語教育学、早稲田大学）

［主な著書・共著］

『日本語教師の「意味世界」—— オーストラリアの子どもに教える教師たちのライフストーリー』（2010、ココ出版）

『文章チュータリングの理念と実践 —— 早稲田大学ライティング・センターでの取り組み』（共編著、2013、ひつじ書房）

日本語を学ぶ／複言語で育つ
子どものことばを考えるワークブック

2014年10月28日	第1刷 発行
2024年 3月31日	第3刷 発行

著者	川上 郁雄・尾関 史・太田 裕子
発行人	岡野秀夫
発行	くろしお出版
	〒102-0084　東京都千代田区二番町4-3
	Tel：03・6261・2867　Fax：03・6261・2879
	URL: www.9640.jp
イラスト	坂木 浩子
装丁・レイアウト	大坪 佳正
印刷	シナノ書籍印刷

ⓒ 2014 Ikuo Kawakami, Fumi Ozeki, Yuko Ota, Printed in Japan
ISBN 978-4-87424-635-1　C0081

乱丁・落丁はお取り替えいたします。本書の無断転載・複製を禁じます。